8時間働けば
ふつうに暮らせる
社会を

働くルールの
国際比較
2

筒井 晴彦 著

まえがき

「働き方改革」が政治の一大争点になるなかで本書が出版されます。

安倍政権は、「残業代ゼロ法案」と「残業時間の上限規制」法案を「一本化」した労働基準法改定案など8本の法律を一括改定する「働き方改革推進法案」を、2017年の国会に提出しようとしています。

その中身は大改悪です。「残業時間の上限規制」は、「2～6ヵ月の平均で月80時間」、繁忙期で「月100時間未満」とさだめ、過労死ラインの残業時間を公的に容認するものとなっています。「残業代ゼロ」制度（「高度プロフェッショナル制度」）は、休憩・割増賃金・労働時間管理などの労働時間規制を完全になくしてしまう制度であり、文字どおり日本の労働法制を根幹からくつがえすものです。今回の法案は、どの点をとっても過労死促進法案そのものです。

また、安倍政権のいう「同一労働同一賃金」は、名ばかりで、賃金格差を法的に容認し固定化するものとなっています。雇用対策法改定案は、法律の目的に「労働生産性の向上」という経済概念をもちこむことによって、〝雇用政策は労働する権利を実現するもの〟というILO「雇用政策に関する条約」（122号）と「雇用政策に関する勧告（補足規定）」（169号）の原則に反するものとなり、雇用政策を変質させています。

このようなニセモノの「働き方改革」ではなく、本物の働き方改革を実現するにはなにが必要でしょうか。東京新聞「編集日誌」というコラムが興味深い視点を提供しています。「長時間労働をなくすには、まず、ILO条約を批准することです。そして、それにしたがって国内法を整備すればいいということです」（2017年1月16日）と書いています。同感です。

労働問題は、国際標準の立場に立って考えると、その問題点が鮮明になり、したがって解決の方向性がうかびあがってきます。この国際主義の立場は、日本国憲法（第98条2項）の立場でもあります。国際標準という地平線に立つと、ずいぶんとちがった労働の光景が目のまえにひらけてきます。労働問題は、憲法と国際標準に立って考える。これが筆者の立場です。

こうした立場から前著『働くルールの国際比較』（学習の友社、2010年）を出版しました。出版から7年が経過し、世界の労働分野でさまざまな前向きの新しい変化がうまれています。この新しい変化をとりあげ、また前著でふれることのできなかった公務労働の分野を加筆し、さらにはデータを最新のものに更新して、前著を一新しました。職場と地域で、労働運動の前進のために活用してくださるなら、こんなにうれしいことはありません。

【もくじ】

第1章　社会正義の新しい時代へ

国連の労働問題専門機関であるＩＬＯ（国際労働機関、１８７ヵ国加盟）は、第１次大戦後の１９１９年に、ロシア革命（１９１７年）から大きな影響をうけて結成されました。「世界の永続する平和は、社会正義を基礎としてのみ確立することができる」（ＩＬＯ憲章）と宣言し、労働者の権利をまもることを任務としています。国際労働基準となる条約・勧告を採択しています。第２次大戦後は、国連の専門機関として再出発し、１８７ヵ国が加盟。政労使の３者で構成されるＩＬＯは、労働者の代表が直接参加する唯一の国際機関となっています。

このＩＬＯは、毎年6月に定期総会を開催します。第１００回総会（２０１１年）に提出された事務局長報告は、「社会正義の新時代」をテーマにかかげ、「持続可能な発展というビジョンにもとづく社会正義の新しい時代を必要としている」とよびかけました。

1　社会正義の新しい時代をめざす国際社会

社会正義とは、すべての人間に平等と尊厳、権利を保障するという意味です。「社会的公正」と翻訳されることもあります。ＩＬＯ憲章（１９１９年）は、「世界の永続する平和は、社会正義を基礎としてのみ確立することができる」と明記し、その実現の土台に労働条件の改善を位置づけています。社会正義の新しい時代とは、「グローバル化の利益が平等にわかちあわれ、若者に希望を鼓舞し、労働の尊厳が促進・尊重され、人びとの声・参加・民主主義が花ひらく時代である」と説明されています。さらに、社会正義の追求にとってきわめて重要な要素が政労使による社会対話（三者構成主義）だと強調しています。あらゆる雇用・労働政策は政労使の協議をとおして策定するというのが3者構成主義です。

2　ディーセント・ワーク（人間らしい労働）を提唱

社会正義の土台は、労働条件の改善です。この課題を具体化したのがディーセント・ワーク（人間らしい労働）の提唱です。

ディーセント・ワークは、英文で「Decent Work」と表記されます。「ディーセント」は、なじみのうすい形容詞ですが、「満足できる基準に達した」といった意味です。チャップリンの映画「独裁者」のなかで適切な使われかたをしていますので、紹介します。映画のなかでチャップリンが扮する床屋が、その風貌によって独裁者にまちがわれ、たくさんの軍人をまえに演説する羽目におちいる場面が登場します。映画の最後の場面で、チャップリンは20分間にもおよぶ感動的な演説をおこないます。「兵士のみなさん、自由のために戦ってください」とよびかけ、「新しい世界――すべての人間に働く機会をあたえ、若者には未来を、お年寄りには保障をあたえてくれる立派な（ディーセントな）世界をつくりだすために、みんな立って戦おうではありませんか」とうったえて演説をむすびます。

チャップリンが表現した「ディーセントな世界」とは、すべての人びとが人間らしく働くことのできる社会、若者に未来をあたえてくれる社会、お年寄りには保障をあたえてくれる社会、のことでした。筆者は、ここに「ディーセント」の原点があると考えています。ディーセント・ワークは「人間らしい労働」あるいは「働きがいのある人間らしい仕事」（ILO駐日事務所）と翻訳されています。適切ですね。

ILOがディーセント・ワークを提唱するようになったのは、貧困と格差という深刻な問題が世界中にひろがっているからです。なぜ貧困と格差がひろがるのか、その根底には雇用の破壊と非正規労働の増大があると分析したILOは、貧困をなくし格差を是正するために、「すべての人びとにディーセント・ワーク（人間らしい労働）を」とよびかけたのでした。1999年のことです。

ディーセント・ワークは、4つの内容をもつ仕事を意味します**資料1**。①人間らしい生活をおくることのできる十分な所得がある、②社会保護（社会保障よりもひろい概念で、家賃補助などもふくむ）によって労働者とその家族を保護する、③労働基本権などの労働者の権利を保障する、④ジェンダー平等（両性の平等）を促進する、以上です。

とりわけジェンダー平等は、①、②、③と並列に位置づけられておらず、①、②、③をつらぬく軸としての役割があたえられています。労働者の賃金や社会保護、労働者の権利は、ジェンダー平等を促進するという視点で追求しなければならないということです。つまり、ジェンダー平等がディーセント・ワークの核心となります。ジェンダー平等を促進しない仕事は、ディーセント・ワークとはいえないといっていいでしょう。

資料１　グローバル化のもとでILOは何を重視しているか

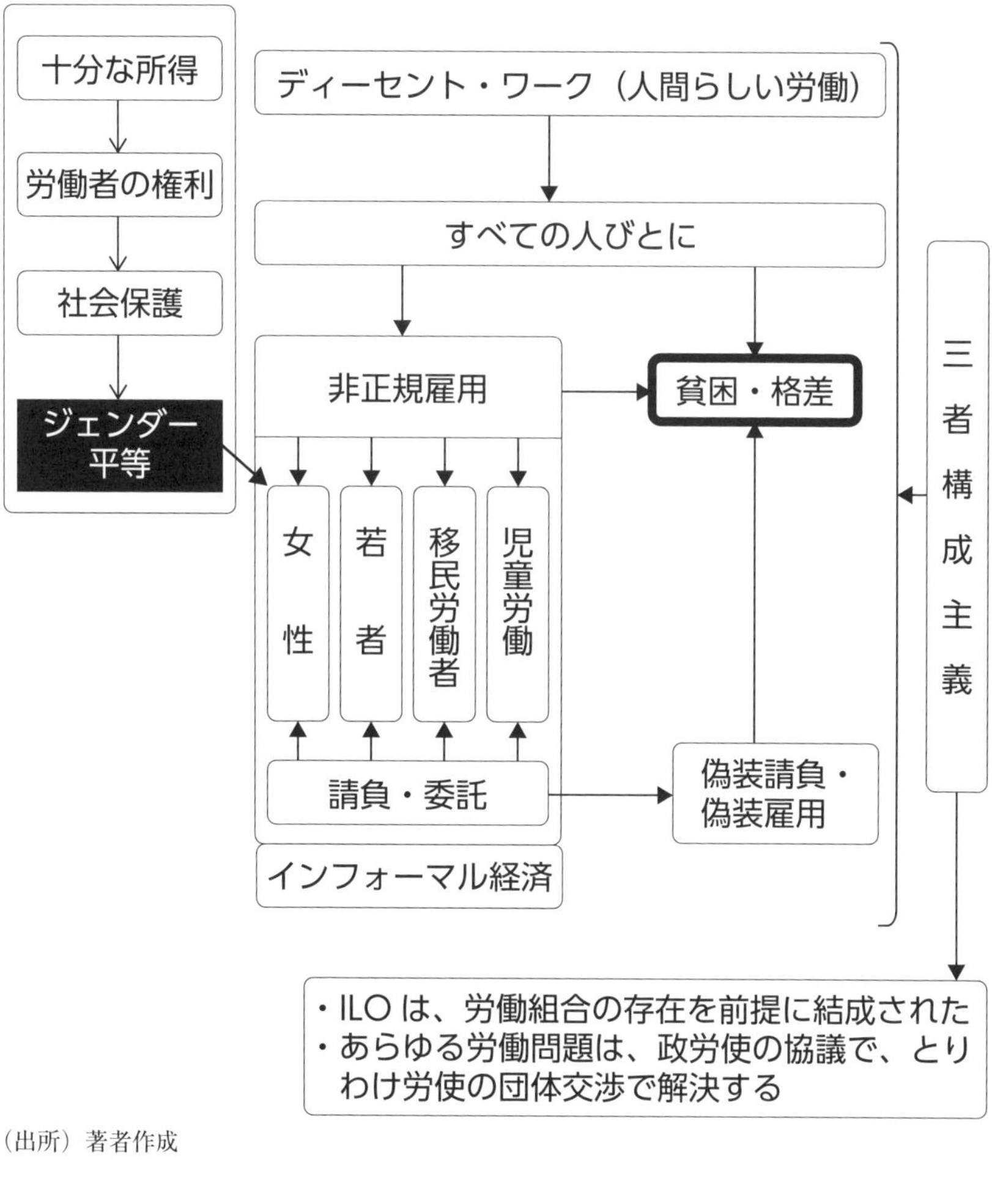

（出所）著者作成

第2章　ジェンダー平等の促進

それでは、このジェンダー平等の国際基準はなにをさだめているのでしょうか。

1　「先進国」に例をみない異常な賃金格差

政府の「働き方改革」のなかで同一労働同一賃金の実現がテーマにかかげられています。わが国で同一労働同一賃金の実現が急務となっている背景に、女性と男性とのあいだ、非正規と正規とのあいだに、「先進国」に例をみない大きな賃金格差が存在し、個人の尊厳をズタズタに切りさくような貧困化がすすんでいるからです。実態をみましょう。

（1）女性の賃金は7割、非正規の賃金は6割

まず、男女の賃金格差を、おもな雇用形態からその割合をみてみます（厚生労働省「2015年賃金構造基本統計調査」）。これによると、「正規の職員・従業員」では、男性は「500～699万円」が21・5％ともっとも高く、500万円未満では58・9％、700万円未満では80・4％となっています。一方、女性でもっとも高いのが「200～299万円」（31・7％）です。300万円未満では51・

資料２　男女間賃金格差

（注）男性＝100

国	賃金格差
日本	72.2
米国	81.1
イギリス	82.3
ドイツ	81.3
フランス	84.5
スウェーデン	88.0
韓国	67.6

（出所）JILPT『データブック国際労働比較 2017』

資料３　同一職種内での男女賃金格差

（単位）千円

職　種	男性	女性	比率(%)
システム・エンジニア	358.1	301.1	84.1
百貨店店員	270.7	214.0	79.1
保険外交員	500.3	271.0	54.2
調理士	251.1	183.3	73.0
金属プレス工	256.1	188.1	73.4
通信機器組立工	245.0	185.8	75.8
ミシン縫製工	218.6	145.7	66.7
ビル清掃員	205.3	160.2	78.0

（注）賃金は所定内給与額。比率は、男性賃金に対する女性賃金の比率。
（出所）厚生労働省「2015 年賃金構造基本統計調査報告第３巻」

８％、５００万円未満では84・０％となっています。「パート」では、男性は「１００~１９９万円」の割合がもっとも高く、２００万円未満が79・２％です。女性は「１００万円未満」が51・５％ともっとも高く、２００万円未満が93・０％にものぼります。

正規であっても非正規であっても、女性と男性とのあいだにこれだけの大きな賃金格差が存在します。全体として、日本の女性の賃金は男性のそれの約７割にとどまっています。欧米では、８割台が一般的です資料２。「先進国」に例のない大きな賃金格差です。しかも、わが国の場合、同一職種つまり同じ仕事をしているにもかかわらず女性と男性とのあいだに大きな賃金格差が存在します。資料３をごらんください。女性の保険外交員の賃金は男性の54・２％、女性のミシン縫製工の賃金は男性の66・７％にとどまっています。

ダボス会議で知られる世界経済フォーラム（ＷＥＦ）は、各国の男女格差（ジェンダーギャップ）の少なさを指数化し、順位をしめす報告書を毎年発表しています。２０１７年報告書では、日本の順位は、世界１４４ヵ国中１１４位。過去最低かつ主要７カ国（Ｇ７）のなかで最下位です。このおくれの背景には、ジェンダー平等にかんする21本のＩＬＯ条約のうち日本が批准しているのは９本だけという

資料 4
パートタイム労働者の賃金水準

（注）フルタイム労働者＝100

国	賃金
日本	58.0
イギリス	72.1
ドイツ	72.1
フランス	86.6
イタリア	73.4
オランダ	74.3
デンマーク	79.0
スウェーデン	82.2

（出所）JILPT『データブック国際労働比較 2017』

資料 5　賃金の国際比較

（製造業、2010 年）

国名	時間賃金（ドル）	日本を 100 とすると
フィリピン	1.41	8
ハンガリー	4.74	26
ポーランド	4.86	27
ブラジル	5.41	30
スロバキア	6.03	33
エストニア	6.10	33
チェコ	6.81	37
ポルトガル	7.16	39
アルゼンチン	8.68	47
シンガポール	12.68	69
ギリシャ	13.01	71
スペイン	14.53	79
イスラエル	15.28	83
ニュージーランド	17.29	94
日本	18.32	100
イタリア	18.96	103
フランス	21.06	115
英国	21.16	116
オーストリア	21.67	118
米国	23.32	127
オランダ	23.49	128
ベルギー	24.01	131
カナダ	24.23	132
スウェーデン	24.78	135
フィンランド	25.05	137
ドイツ	25.80	141
アイスランド	26.29	144
オーストラリア	28.55	156
スイス	34.29	187
デンマーク	34.78	190

（出所）ILO『世界賃金報告 2012／13 年』

批准状況があります。

非正規と正規の賃金格差は、正規を１００とすると非正規は58・0です**資料4**。国際比較のデータではパート労働者とフルタイム労働者の賃金比較しかみあたりませんが、それによると、ヨーロッパのパート労働者の賃金はフルタイム労働者のそれの7割～8割です。

そもそも日本の賃金は、「先進国」で最低水準です**資料5**。そのうえに、非正規であることによる賃金差別、女性であることによる賃金差別がくわわり、さらに、ただ働きがまんえんしています。二重、三重の差別に苦しんでいるのが女性と非正規労働者です。

この賃金差別とその結果としての大きな格差をなくすのは急務です。そのための有効な原則が同一労働同一賃金です。

2　同一労働同一賃金とは

では、同一労働同一賃金とはどのような原則でしょうか。同じ仕事をしているのに女性の賃金が男性のそれよりも低い、あるいは非正規の賃金が正規のそれよりも低い、といった賃金差別・格差をなくすためにつくられた原則が同一労働同一賃金です。「同じ仕事をしているのであれば同じ賃金を保障する」という原則で、国際労働基準となっています。たとえば、世界人権宣言（１９４８年）は「すべて人は、いかなる差別をもうけることなく、同等の勤労にたいし、同等の報酬をうける権利を有する」（第23条2項）と明記しています。

世界の労働組合は、18世紀後半の産業革命以来、この原則をかかげ、賃金差別・格差の撤廃にむけ活動してきました。このたたかいのなかで確立された原則が同一労働同一賃金です。

3　同一価値労働同一賃金へと前進

国際社会は、同一労働同一賃金原則をさらに同一価値労働同一賃金の原則へと前進させます。同じ仕事をしているのに女性の賃金だけを低くするといった直接的な差別だけでなく、女性だけを特定の仕事に集中させ、そこの賃金を低くするという間接的な差別が社会にひろがったからです。たとえば、わが国では保育士や看護師、訪問介護従事者、受付・案内事務員など女性比率の高い職種が低賃金になっています。また民間大企業で普及している「コース別雇用管理」では、男性は「総合職」（女性比率は6％）に、女性は「一般職」（女性比率は78％）に配属して、「一般職」の女性の賃金を低くするという手法がとられています。こうした賃金差別には、同一労働同一賃金原則では対処できません。女性と男性の職種・職務・仕事がことなっているからです。

そこで、仕事がことなっていても女性と男性とのあいだに不合理な賃金格差が存在するばあいにこれを是正する目的で確立されたのが、同一価値労働同一賃金の原則です。

では、どうやって仕事がことなるもとで賃金差別・格差をなくすのか。仕事内容を比較評価することになります。女性が多数従事する仕事と、男性が多数従事する仕事の内容を比較評価し、同等の仕事内容だと判断されるばあいに同じ賃金を支払います。なお、職務評価にかんする国際条約は存在しませんが、各国で経験がつみかさねられています。ＩＬＯは、こうした経験を集約して紹介するために、ガイドブック（２００８年、２０１３年）を発表しています。２０１３年のガイドブックの日本語版は、『同一価値労働同一報酬のためのガイドブック』（２０１６年）というタイトルで発表されています。

ＩＬＯガイドブックが紹介している職務評価の手法とは、（１）女性賃金差別を撤廃するための「委員会」を職場でつくる→（２）職場のどの仕事に男性が集中しているか、どの仕事に女性が集中しているかを調査し、その仕事を抽出する→（３）「男性の仕事」と「女性の仕事」について、①技能および資格、②責任、③業務量、④労働条件（その仕事がどのような条件のもとで遂行されているのか）の４つの基準で比較する、です。

以上からも明らかなように、職務評価は、「男性の仕事」と「女性の仕事」を抽出してその仕事の内容を評価するということであり、すべての職務について職務評価をおこなうものではありません。

ところで、ここでいう「価値」とは、日本経団連がねじまげて解釈するような「付加価値」といった経済学の概念ではなく、くりかえしになりますが「仕事の内容」という意味です（別項参照）。

国連はその後、この同一価値労働同一賃金について、女性と男性とのあいだの賃金差別・格差に限定せず、非正規労働者と正規労働者とのあいだの賃金差別・格差の撤廃にも適用できる原則であると提起するようになりました。

同一価値労働同一賃金は、もともと１９１９年のＩＬＯ結成時の国際労働憲章に明記された原則です。１９５１年になってＩＬＯ「同一価値の労働についての男女労働者にたいする同一報酬に関する条約」（第１００号）が採択され、国際条約のなかにこの原則がはじめて明記されることによって現実のものとなりました。今日この条約を批准する国は、１７２ヵ国にのぼります。ＩＬＯ条約のなかで批准国数のもっとも多い条約の一つです。１００号条約を補完する90号勧告は、この条約が国家公務員にも適用され、地方公務員への適用が奨励され、公契約で働く労働者にも適用される、と明記しています。

１００号条約採択後、「経済的、社会的および文化的権利に関する国際規約」（国際人権Ａ規約）（１９６６年）、国連女性差別撤廃条約（１９７９年）、欧州男女同一賃金指令（１９７５年）などにこの原則が明記され、国際基準としてひろくみとめられる原則になっています。

4　ヨーロッパでは均等待遇も実現

ヨーロッパでは、男女同一賃金指令（１９７５年）が制定され、ＥＵ（ヨーロッパ連合）設立後も、設立条約の改正条約（アムステルダム条約、１９９７年）に、「同一労働または同一価値労働にたいする男女同一賃金」の原則がそれぞれ明記されています。これをうけて、ＥＵ各国は、同様の規定を国内法に明記しています。著者が確認しただけでも、アイスランド、アイルランド、イギリス、イタリア、オランダ、ギリシャ、スウェーデン、スペイン、デンマーク、ドイツ、ノルウェー、フィンランド、フランス、ポルトガル、マルタ、ルクセンブルクの諸国が「同一労働または同一価値労働にたいする男女同一賃金」を法律に明記しています。

同時に、賃金だけでなく雇用保障や有給休暇、福利厚生など労働者の待遇全体を均等にする均等待遇の原則を法制化しています。EUは、均等待遇と同一労働同一賃金・同一価値労働同一賃金の2つの原則を法制化し、労働者・労働組合がそれを活用して差別をなくすとりくみをすすめています。また、EUは、賃金差別撤廃のとりくみは雇用差別撤廃のとりくみのなかで前進することができると考え、賃金差別撤廃と雇用差別撤廃を結合してとりくんでいます。そのために、EU各国は、雇用差別を禁止するILO「雇用および職業における差別待遇に関する条約」（第111号、1958年）を批准しています。ちなみに、「先進国」のなかでこの111号条約を批准していない国は、日本と米国だけです。

こうしたとりくみの結果、EUにおける女性の賃金は男性のそれの8割になっており、日本の7割とくらべて格差が縮小しています。パート労働者の賃金はフルタイム労働者の8割です。日本は6割です。

EUのとりくみでもう一つ参考になるのが、賃金差別・格差是正を理由とする賃金引き下げを禁止している点です。たとえば、フランスとルクセンブルクは、同一価値労働にたいして同一賃金が保障されていないばあい、高いほうの賃金を自動的に適用すると法律に明記しています。その他、米国とカナダも、差別撤廃を理由に使用者が賃金を引き下げるのを法律で禁止しています。

こうした世界のとりくみは、わが国で同一労働同一賃金・均等待遇を実現するうえで参考になると考えます。

5　米国でも同一賃金法が確立

米国でも同一賃金法が１９６３年に採択され、同一の労働にたずさわる男女にたいし同一の賃金を保障しています。オバマ前大統領は２００９年1月、女性たちへの賃金差別にたいする労働者の告訴権限を拡大する新たな法案に署名し、同法が即日成立しました。この法律は、グッドイヤーという世界的タイヤメーカーで19年間働いてきた女性労働者が同企業の賃金差別を裁判にうったえてたたかったことを記念し、この女性労働者のなまえを冠して「リリー・レッドベター公正賃金法」とよばれています。オバマ前大統領が就任後最初に署名した法律がこれでした。

当時（１９７０〜１９８０年代）、グッドイヤーの男性労働者の賃金は月４２８６ドル〜５２３６ドル。これにたいして女性労働者の賃金は月３７２７ドル（男性の87％〜71％）でした。リリーさんは、「なぜ自分だけこんなに安いのか」と疑問をいだき、「これは女性にたいする差別である」と直感します。「私はずっと子どもの学費を支払うために働いてきた。賃金の差は、子どもたちの教育の差に直結する。家族のために、何とかしなければと思ったのです」と語り、グッドイヤー社をうったえたのでした（朝日新聞グローブ、２００９年11月2日）。このたたかいが政府を動かし、男女賃金格差是正のとりくみを前進させる法律の制定へとつながったのでした。

6　同一労働同一賃金と均等待遇をどう実現するか

では、どうやって同一労働同一賃金と均等待遇を実現すればよいのでしょうか。

大木一訓日本福祉大学名誉教授は、安倍首相の同一労働同一賃金の提唱について、「労働運動としてむしろ警戒すべきは、これを機に仕事・役割給導入など賃金体系の改悪がすすむことであろう」（『労働総研クォータリー』2016年春季号）と警鐘をならします。わが国の賃金体系はきわめて恣意的なものであり、企業による恣意的な査定によって、これまでもさまざまな差別賃金がもちこまれてきました。職務給制度を採用する欧米諸国とはことなるわが国で、どうすれば真の同一労働同一賃金と均等待遇を実現することができるでしょうか。

結論をさきにのべれば、なによりもまず労働基準法を中心とする法律にこの2つの原則を明記して、法的規制によって企業をしばる必要があります。このことと、労働者派遣法の抜本改正や非正規から正規への転換、全国一律最低賃金制の確立と最低賃金の抜本的引き上げといった諸政策の実現との結合が必要となります。

（1）労働基準法を中心に法律に明記する

まず、法律への明記が出発点です。

わが国には、同一労働同一賃金または同一価値労働同一賃金を明記した法律が存在しません。均等待遇は、きわめて限定されたパート労働者だけにしか適用されません。したがって、同一労働同一賃金または同一価値労働同一賃金の原則と、均等待遇の原則の2つを法律に明記することが必要になります。その際、罰則つきの労働基準法の改正が中心課題になります。第4条が男女同一賃金にかかわる条文です。すくなくともこの労働基準法に同一労働同一賃金を明記するべきです。このほか、労働契約法、パート労働法、労働者派遣法、男女雇用機会均等法などが必要な法改正の対象となります。

政府が本気で同一労働同一賃金を実現しようと考えるなら、まず法律に明記すること。これが出発点です。そして法律にもとづいて企業をしばり、現状の改善にのりだしていくことがもとめられます。

２０１５年の厚生労働委員会で労働者派遣法改定案が審議されたとき、自民党議員は、〝現状は均等待遇になっていないのだから、まず均衡待遇からはじめて徐々に同一労働同一賃金・均等待遇に近づけるように現状を変えていく、こうして条件をととのえたうえで法律を改正するべきだ〟と発言しました。しかし、こうした政府・与党のアプローチでは、いつまでたっても同一労働同一賃金・均等待遇は実現しません。本気でやるならまず法律に明記すること。くりかえしますが、これが出発点です。

ＩＬＯ条約勧告適用専門家委員会は、日本政府にたいして、いくどとなく１００号条約が明記する同一価値労働同一賃金を労働基準法等に明記するよう勧告しています。２０１５年の勧告では、公務の臨時・非常勤職員の賃金差別・格差にも言及し、その是正をもとめています。安倍政権は、国際機関からの勧告を真摯にうけとめるべきです。

（２）「人材活用のしくみ」を削除する

つぎに、同一労働同一賃金と均等待遇を実現するさいの要件を変更する必要があります。たとえば、パート労働法のばあい、パート労働者への差別的とりあつかいを禁止し均等待遇にするさいの要件が2つあります。①職務内容が正社員と同一、②「人材活用のしくみ」（人事異動等の有無や範囲）が正社員と同一、という2要件です。国際的に特異な要件です。パート労働の国際基準であるＩＬＯパート労働条約（第１７５号、日本は未批准）には、「人材活用のしくみ」といった要件はいっさい存在しません。

「人材活用のしくみ」というのは、転勤や人事異動をくりかえして正社員としてキャリアをつんでいくというしくみです。「転勤がある」「人事異動がある」というのがこの基準の主な内容です。もしこの基準が同一労働同一賃金・均等待遇の要件とされるなら、均等待遇になる非正規労働者はかぎりなくゼロに近くなってしまいます。だいたいパート労働者や派遣労働者が転勤したり、さまざまな部署を異動したりするでしょうか。現実をみれば、そんなことはありません。したがって、世界に例をみない「人材活用のしくみ」という要件を削除するべきです。

2014年にパート労働法改定案が国会で審議されたとき、日本共産党国会議員団は、均等待遇にするパート労働者を拡大するために、「人材活用のしくみ」を削除する修正案を提出して論戦しました。同党の小池晃参院議員は、均等待遇の対象となるパート労働者について、改定案が有期雇用にまで対象を拡大する一方で、異動や転勤の有無まで正社員と同一であることをもとめる「人材活用のしくみ」を比較要件として残している点を批判しました。厚生労働省の調査でも、一般労働者とくらべて「責任の重さ」「人事異動の有無や範囲」の両方が同じパート労働者は全体の4・7％だけだと指摘しました。

小池氏は、改定案の問題点について、①雇用の全期間で異動などが正社員と同じでないと対象外、②働きはじめた段階で異動などが同じと判断できるパート労働者はごく少数である点をあきらかにし、「『人材活用のしくみ』を要件からはずさないと、均等待遇をひろげていくことにならない」と主張しました。

また、改定案が待遇のちがいを「不合理」とする判断基準をしめしていない点について、厚生労働省の石井淳子雇用均等・児童家庭局長は「（基準は）裁判や労働審判、個別労働関係紛争解決援助、学説の確定などで対応する」と答弁しました。これにたいして、小池氏は「パート労働者に裁判であらそえというのは無責任だ」と批判しています（しんぶん赤旗、2014年4月16日）。

（３）安倍政権の矛盾した政策を転換する

非正規と正規の賃金を同一にするために正規の賃金が引き下げられるのではないかという懸念がひろがっています。竹中平蔵氏（パソナ会長）は、「同一労働同一賃金と言うんだったら、『正社員をなくしましょう』って言わなきゃいけない」とまでいっています。正社員をへらすという財界の野望をあけすけに語っています。こんな野望・暴論をゆるさず、同一労働同一賃金と均等待遇を実現するために、つぎに必要となるのが、安倍政権の矛盾した政策の転換です。

①　労働法制改悪を中止し、非正規をふやさない

安倍首相は、「賃上げが必要だ」と主張する一方で、実際にやっていることといえば、派遣法の大改悪など低賃金の非正規労働者をふやす「低賃金政策」ばかりです。まずなによりも、この矛盾した政策を転換し、非正規労働をこれ以上ふやさないようにしなければなりません。そのために労働法制改悪をきっぱりと中止すべきです。労働者派遣法の抜本改正が必要です。日本共産党は、すでに抜本改正案（２００８年４月）をしめしています。

②　非正規を正規に転換する

二つは、非正規を正規に転換することです。非正規と正規の賃金格差をなくすもっともたしかな道は、低賃金で雇用が不安定な非正規労働を縮小し、なくしていくことです。そのために非正規労働者を正規労働者に転換する措置がもとめられます。２０１５年のＩＬＯ総会は、非正規労働から正規雇用への転換を促進する目的で、「非正規から正規への転換促進のための勧告」（第２０４号）を採択しました。日本政府も日本経団連も賛成しました。非正規から正規への転換は、世界の流れです。

（4）最低賃金を抜本的に引き上げる

安倍政権の矛盾した政策の転換とともに、最低賃金の抜本的引き上げを提起したいと思います。最低賃金の引き上げは、すべての労働者の賃上げにつながります。賃金底上げのこの機能を十分に発揮するためにも全国一律最低賃金制の確立が必要です。２０１７年度では最高額（９５８円）の東京と最低額（７３７円）の高知、佐賀、長崎、熊本、大分、宮崎、沖縄とのあいだに時間で２２１円、年間で39万７８００円（年１８００時間で計算）もの格差が存在します。地域間と企業規模別間の賃金格差を是正する土台をつくるのが、全国一律最低賃金制であり、最低賃金の抜本的引き上げです。

全労連と協力・共同の関係にある日本共産党は、時間１５００円をめざしてただちに１０００円以上に引き上げるよう要求しています。もちろん中小企業への手あつい支援策とセットです。安倍首相は、１０００円をめざすといいますが、それが実現するのは２０２３年です。あと6年もかかります。これでは間尺にあいません。

（5）労働監督行政を強化する

ＩＬＯは、同一労働同一賃金の実現を保障するうえで労働監督行政の役割が大きいと判断しています。同一労働同一賃金実現にとって違法行為の是正が重要な役割をはたすからです。

この労働監督官の配置についてＩＬＯは基準をしめしています。「先進国」のばあい、労働者1万人に1人の監督官を配置するという基準です。わが国には約５７００万人の雇用者が存在しますので、５７００人の監督官が必要になります。ところが労働基準監督署に配属されている監督官数は２４７１人です。現状の2倍以上にふやす必要があります。また、監督官が監督行政以外の仕事をおしつけられている現状を変える必要もあります。

7 いくつかの論点について

同一労働同一賃金と均等待遇を実現するためにも、あやまった議論を批判する必要があります。いくつかの論点を検討します。

（１）職務給でない日本ではムリなのか

日本の賃金制度はいわゆる「年功制」が中心であり、欧米のような職務給になっていないから日本で同一労働同一賃金を実現するのは不可能だ、という議論がずいぶんあります。

ここで確認しておきたいのは、同一労働同一賃金というのは、賃金差別・格差をなくすための原則であって、賃金制度のあり方をきめる原則ではないという点です。どのような賃金制度を採用していても、この原則の実現は可能です。だからこそ、１７２ヵ国もの多くの国が１００号条約を批准しているのです。

もともとＩＬＯは、賃金制度にたいして慎重な態度をとっています。１００号条約を討議した１９５０年総会に提出された報告書は、「賃金構造は、歴史的伝統と団体交渉における力関係の結果である」と分析し、各国がどのような賃金制度を採用するべきかについていっさい言及していません。１００号条約にも特定の賃金制度の導入は明記されていません。したがって、職務評価は職務給を導入するためにおこなうものではないということになります。

１００号条約第３条は、「職務の客観的な評価を促進する措置がこの条約の規定の実施に役立つばあいには、その措置をとるものとする」とさだめています。「役立つばあい」と規定されているのは、すべての職務にたいして職務評価をする必要がないという意味です。女性中心の職務と男性中心の職務のあいだに賃金格差が存在するばあい、その格差が女性差別によるものかどうかを判断するために両者についてのみ職務評価をおこなえばよいという意味です。

(2) 差別に相当しない賃金差異とは

１００号条約は、「客観的な評価から生ずる差異に性別と関係なく対応する報酬率の差異は、同一価値の労働についての男女労働者に対する同一報酬の原則に反するものと認めてはならない」(第3条3項)と明記しています。ＩＬＯ一般調査報告書(１９８６年)によると、使用者が勤続年数にもとづいて賃金を加算したり、結婚して子どもを育てる労働者に諸手当を支給したり、生計費にもとづく手当を支給したりして賃金に差異が生じたとしても、性を理由とする差別でないかぎり、それは条約違反になりません。したがって、いわゆる「年功制」のもとでも１００号条約がさだめる原則の適用が可能となります。

ただし、そうはいっても、年功制のもとでの恣意的な基準による賃金差異がみとめられないのはいうまでもありません。この点にかかわって、水町勇一郎東大教授は、一億総活躍会議に提出したペーパーのなかで、「欧州でも、労働の質、勤続年数、キャリアコースなどの違いは同原則(同一労働同一賃金——著者)の例外として考慮に入れられている」と、フランスにおける裁判例を紹介しながら記述しています。つまり、恣意的運用が可能な「キャリアコース」や「労働の質」による賃金格差をみとめるという立場です。しかし、すくなくともＩＬＯ１００号条約がみとめる賃金差異は、さきにのべたように、勤続年数や家族的地位、生計費など客観的な基準にもとづくものだけであり、「労働の質」や「キャリアコース」といった要素は考慮されていません。国際基準はそうなっています。

（3）「価値」とは「付加価値」のことなのか

２００９年に誕生した民主党政権は、同一価値労働同一賃金の実現を提唱しました。これにたいして経団連は、『２０１１年版経営労働問題報告書』のなかで、つぎのような暴論を展開しました。「わが国の『同一価値労働同一賃金』の考え方は、『将来的な人材活用の要素も考慮して、企業に同一の付加価値をもたらすことが期待できる労働（中長期的に判断されるもの）であれば、同じ処遇をする』と捉えるべき」であると主張しました。この暴論にたいして、大木一訓日本福祉大学名誉教授は、「女性労働者をはじめ、差別的な処遇をうけている労働者の地位を総合的に向上させようとするこの労働のルール（同一価値労働同一賃金のこと――著者）を、米倉経団連は、個々の労働者が将来にわたって企業にどれだけ利益をもたらすかによって、差別的に処遇できるルールへと改変しようというのです」（しんぶん赤旗、２０１１年2月11日）と的確に批判しています。

じつは、ＩＬＯ１００号条約が審議された１９５０年当時、「価値というのは使用者にとっての価値である」「同一価値労働とは同一価値の生産を意味する」などという議論がもちだされました。しかし、ＩＬＯ総会（１９５１年）は、こうしたあやまった議論を否決し、「価値」というのは「仕事の内容」であると確認し、１００号条約を採択しました。経団連のこの議論は、65年前に否決された議論を亡霊のようにもちだした、きわめて恣意的な暴論です。国際社会に恥をさらすだけです。

以上からあきらかなように、１００号条約の「価値」とは、「付加価値」といった経済学の概念ではなく、「仕事の内容」の意味だという点をあらためて指摘しておきたいと思います。

8 労働組合の役割が重要

日本の労働組合は、1951年にILO100号条約が採択されて以降、これの批准運動にとりくみ、1967年の日本政府による批准後は、この批准運動を賃金差別是正の裁判闘争と実効ある男女平等法制定運動へと継承発展させていきました。

ヨーロッパでも、ジェンダー平等の原則を欧州規模へとひろげるうえで、労働者のたたかいが決定的に重要な役割をはたしました。ILOが同一価値労働同一報酬条約（第100号）を制定した1951年当時、この原則をもっとも積極的に推進したのはフランスでした。しかし、当時のフランスの考え方は、経済主義的なものでした。女性の低賃金を利用した社会的ダンピングの防止を直接の目的としたものであり、女性の人権を考慮したものではありませんでした。

この消極的姿勢をうちやぶり、人権としてのジェンダー平等へと前進させるには、労働者のたたかいが必要でした。そのさきがけとなったのが、ベルギーのサベナ航空の客室乗務員のたたかいでした。デフレーヌ事件（1975年）というたいへん有名な事件です。

同じ飛行機に乗って、男性客室乗務員と同じ仕事をしているのに、女性客室乗務員の賃金が低いのは女性差別であると裁判にうったえてたたかい、勝利しました。判決は、ヨーロッパ共同体は経済的目的と同時に社会的目的をもっているとの見解をしめし、「ローマ条約（1957年）第141条の同一労働同一賃金の原則は共同体の基礎を構成する」と判断したのでした。

このたたかいが画期となり、1975年にEC「男女平等賃金指令」が採択され、その後、EC「均等待遇指令」（1976年）、EC「社会保障における均等待遇指令」（1979年）などのジェンダー平等指令が欧州レベルでつぎつぎと採択されていきました。今日、平等は、ＥＵがもっとも重視する原則の一つとなっています。

同一労働同一賃金と均等待遇の実現にとって労働組合のはたす役割が決定的に重要です。職場の労働者・労働組合と知恵をだしあい、力をあわせて、この原則を実現したいものです。

第3章　雇用保障のルール

日本の雇用形態の特徴は、パート、アルバイト、契約、派遣労働などの非正規雇用が2023万人に達し、労働者全体の37・5%を占めていることです。その大半が年収300万円未満の低賃金で、社会保険へ加入させられていない人がたくさんいます。不当な解雇もやりたい放題です。とりわけ若者、女性、高齢者などが200万円以下のワーキングプアになっています。ダブルワークで生活を支える労働者も増えています。

この事態は1995年、当時の日経連が策定した「新時代の『日本的経営』」がもとめてきたものであり、一連の労働法制改悪のあと押しによって実現してきた結果です。

本章では、雇用保障の国際基準と、これにかかわるヨーロッパの社会的ルールを紹介します。

1　職場における尊厳の権利

EUの社会的ルールにかかわって強調したいのは、その根底にすえられている原則です。「職場における個人の尊厳の権利」を保障するという原則です。「欧州評議会社会憲章」(1961年、1996年改正)は、26条で「職場における尊厳の権利」を労働者に保障しています。また、「欧州基本権憲章」

（2000年）は、その「公正および適正な労働条件」（31条）の（1）項で「すべての労働者は、自己の健康、安全および尊厳を尊重する労働条件にたいする権利を有する」と明記しています。以上のように、個人の尊厳が職場においてこそ尊重されなければならないという原則が欧州の社会的ルールの根底にすえられています。

2　解雇を規制する

これから解雇規制、有期労働契約規制、非差別・均等待遇原則、パート労働者保護、派遣労働者の保護、請負・委託労働者の保護にかかわるルールをみていきます。まず解雇規制のルールです。

(1) ILO解雇規制条約（第158号）

解雇規制の国際基準は、ILO「使用者の発意による雇用の終了に関する条約」（第158号、1982年）と同勧告（第166号）です。日本政府は、この条約を批准していません。

雇用の終了は、使用者以上に労働者に大きな犠牲をもたらします。したがって、条約は、個別的解雇と集団的解雇のいずれのばあいにおいても、正当な理由のない解雇を禁止しています。正当な理由とは、「当該労働者の能力もしくは行為に関連する妥当な理由」と、「企業、事業所もしくは施設の運営上の必要にもとづく妥当な理由」であり、これらの理由がないかぎり雇用を終了させてはならないとさだめています（4条）。

正当な理由にならないのは、①労働組合員であること、または労働組合活動に参加したこと、②労働者代表に就任しようとすること、または労働者代表として行動したこと、③法律違反にたいして使用者に苦情を申し立て、または提訴したこと、④人種、皮ふの色、性、婚姻、家族的責任、妊娠、宗教、政治的意見、国民的出身、社会的出身、⑤出産休暇による休業、⑥年齢（勧告で規定）、⑦市民的義務（勧告で規定）、⑧疾病または負傷による一時的な休業、とさだめています。

つぎに、M&A（企業の吸収・合併）や企業閉鎖など「経済的、技術的もしくは構造的理由またはこれと類似の理由による雇用の終了」にかんする手続きをさだめています（13条）。使用者は、影響をうけるおそれのある労働者の人数や種類などのすべての情報を労働者代表に提供し、解雇を回避または最小にするための措置や不利な影響を軽減するための措置について、できるかぎり早期に労働者代表と協議するとさだめています。

条約を補足する同名の勧告（第166号）は、さらに具体的な規定をおいています。使用者が新たに労働者を雇用するばあいには、解雇された労働者を優先的に再雇用するよう努力すると明記しています（24項）。また、勧告は、有期契約は雇用契約を期間のさだめのないもとすることができないばあいのみに限定する、有期契約を1回または2回以上更新したばあいは期間のさだめのない雇用契約とみなす、と明記しています。ここにみられるように、期間のさだめのない雇用契約が国際基準となっています。

(2) EU基本権憲章（2000年）

この基本権憲章は、ILOの諸条約を基準に、包括的な人権を保障したもので、「社会的ヨーロッパ」の発展にとって画期をなす重要な憲章となっています。「憲章」という名称ですが、条約と同じような法的拘束力をもっています。この憲章が土台にすえている考え方は、「雇用の継続」です。つまり、労働者の側から「辞めます」と主張しないかぎり、雇用は継続するという考え方です。したがって、正当な理由のない雇用契約の終了はうけ入れられず、不当解雇からすべての労働者（公務も民間も）を保護する、とさだめています（30条）。

(3) EU「集団整理解雇指令」（1975年、1998年改正）

30日の期間内に10人～30人（企業規模によってことなる）の労働者を解雇するばあい、あるいは90日の期間内に20人（企業規模にかかわらず）の労働者を解雇するばあいを「集団整理解雇」にあたると定義し、規制しています。

使用者は、労働者代表にたいして、整理解雇の理由や解雇される労働者の人数と選定基準、実施時期などについて情報を提供し、合意にたっする目的をもって適切な時期に労働者代表と協議しなければなりません。また、予定する集団整理解雇について書面で管轄機関に通知すること、通知後、すくなくとも30日間は効力が生じない、とさだめています。

(4) EU「企業譲渡指令」（1977年、2001年改正）

営業譲渡それ自体を理由とする解雇を禁止するとともに、譲受企業とのあいだで雇用関係が維持され労働条件は変更されずにそのまま承継される、とさだめています。また、譲渡人と譲受人は、譲渡の理由と予定日、労働者にかかわる措置などについて、それぞれの労働者代表にたいして、事前に情報を提供しなければなりません。労働者にかかわる措置については、譲渡人と譲受人は、それぞれの労働者代表にたいして、合意にたっする目的をもって適切な時期に協議しなければなりません。

この指令は、「本指令は、営利目的で運営されているか否かにかかわらず、経済活動にかかわる公的および私的な企業に適用されるものとする」と明記されているとおり、公的部門にも適用されます。

（5）ＥＵ「欧州労使協議会指令」（１９９４年）

この指定は、労働者にたいする情報提供と協議を目的とする欧州規模の労使協議会の設置・手続きをさだめたものです。ＥＵ加盟国内で１０００人以上の労働者を雇用し、かつ、２つ以上の加盟国でそれぞれ１５０人以上の労働者を雇用する企業または企業グループに適用されます。欧州労使協議会は、生産や投資、販売などの企業活動だけでなく、雇用や生産の移転、合併、縮小、閉鎖、集団的整理解雇について情報提供をうけ、協議します。

（6）ＥＵ「国内労使協議指令」（２００２年）

欧州労使協議会指令が多国籍企業のみを対象としているのにたいし、本指令は、国内のみで活動する中小企業（50人以上の企業または20人以上の事業所）にも適用されます。企業活動や経済状況だけでなく、営業譲渡や集団的整理解雇といった雇用関係にけん著な変化をもたらすような決定にかんして情報を提供し、協議する、とさだめています。協議のしかたについては、使用者からの情報と労働者代表の意見をもとに協議すべきこと、労働者代表のどのような意見にたいしても使用者から理由をつけた回答がなされるべきこと、雇用にけん著な影響をあたえる決定については合意にたっする目的をもって協議すべきこと、とさだめられています。

（7）合意することを目的に協議する

以上にみてきたように、雇用に影響をおよぼすリストラをおこなうばあいには、「合意することを目的に協議しなければならない」というのが、ＥＵの各種労使協議指令が明記する重要な原則です。形式的な協議はゆるされません。日本航空の１６５人の整理解雇（２０１０年12月31日）のように、労働組合が解雇回避のための具体的提案をおこないながら協議しているさなかに解雇するというのは国際的にはぜったいにみとめられない暴挙です。

ＥＵ「国内労使協議指令」が採択された背景には、仏ルノー社（フランスを代表する世界的自動車メーカー）による一方的なベルギー工場閉鎖事件がありました。日産のＣＥＯ（最高経営責任者）だったカルロス・ゴーン氏は、ルノー社長をつとめていた97年、ベルギーにあるビルボード工場（３１００人）の閉鎖を一方的に強行しようとしました。労働組合は、閉鎖に反対してたたかい、裁判所も閉鎖は違法で無効との判決をくだした結果、一定の雇用保障を勝ちとりました。ＥＵは、労働者の代表と協議することなくリストラを強行するこうした事件を二度とゆるしてはならないと判断し、「国内労使協議指令」を採択したのでした。

3　有期労働契約を規制する

つぎに有期労働契約の規制についてみていきます。

（1）ＩＬＯ解雇規制勧告（第166号）

有期労働契約の規制は、ＩＬＯ「使用者の発意による雇用の終了に関する勧告」（第１６６号、１９８２年）に明記されています。

ＩＬＯ「使用者の発意による雇用の終了に関する条約」（第１５８号）を補完する同名の勧告（第１６６号）は、有期契約は雇用契約を期間のさだめのないもとすることができないばあいに限定する、有期契約を１回または２回以上更新したばあいは期間のさだめのない雇用契約とみなす、とさだめています。ＥＵは、この国際基準にもとづいた「有期労働指令」を制定しています。

（2）ＥＵ「有期労働指令」（1999年）

この指令は、「期間のさだめのない労働契約が雇用関係の一般的な形態であり、これからもそうありつづけることをみとめる」と前文に明記し、期間のさだめのない雇用契約が原則であると確認しています。そのうえで、有期契約を反復更新することから生じる権利侵害を防止するために、乱用防止措置をきめています。①正当な理由があるときのみみとめる、②期間の上限をさだめる、③更新回数の上限をさだめる――これらのうちの1つまたはそれ以上を選択することによって有期労働契約を規制しています。

「正当な理由があるばあい」とは、夏場のアイスクリーム販売、冬場のスキー場、クリスマス時のデパート商戦、産休・育休時の代替要員、期限を切ったプロジェクト事業など、雇用契約に期限をさだめる理由が客観的に存在するばあいです。新製品の開発や新規事業展開、新店舗の開設のばあいには、たとえ業務量が一時的に増大するにしても企業の通常活動とみなされ、正当な理由に該当しません。

「期間の上限」については、ドイツでは2年、フランスでは18ヵ月、スペインでは1年、などとなっています。

「更新回数の上限」については、フランスとイタリアで1回、オランダで2回、ドイツで3回までとなっています。つまり、フランスでは18ヵ月の期限内で1回だけ、ドイツでは2年の期限内で3回までしか更新をみとめないということになります。

（3）EU「賃金確保指令」（1980年、2001年改正）

企業倒産によって賃金支払いが不能になったばあい、未払い賃金の支払いを保証する機関を加盟国が設置することがさだめられています。また、２つ以上の加盟国に事業所をもつ企業が倒産したばあいの対応措置もさだめられています。この指令は、パートタイム労働者と有期雇用契約の労働者、派遣労働者にも適用されます。

4　正規雇用への転換を促進する

非正規労働の増大は、今日の国際社会がかかえるもっとも深刻な問題のひとつです。ＩＬＯ（国際労働機関）を中心に、ここ数年のあいだに、あいついで国際会議が開催され、この問題の解決の道すじについて討議がつづけられてきました。これをふまえて、２０１５年6月に開催されたＩＬＯ第１０４回総会は、非正規労働から正規雇用への転換を促進する「インフォーマル（非正規）経済からフォーマル（正規）経済への移行に関する勧告」（第２０４号）を圧倒的多数の賛成で採択しました。ＩＬＯは、「インフォーマル経済にとりくむ歴史的労働基準を採択した」と評価しています。日本の政労使代表も賛成しました。

新勧告が明記する労働基準の目的は3つです。①労働者と経済単位を非正規から正規経済へと移行させるよう促進する、②正規経済のなかで企業創設と人間らしい仕事の創出を促進する、③正規の仕事を非正規化することを防止する――以上です。

ＩＬＯ駐日事務所による翻訳をもとに、勧告の概要を紹介します。

本勧告の目的は、労働者の基本的権利を尊重し、所得の安定、生産手段の確保、企業の機会の提供をはかり、インフォーマル経済からフォーマル経済への移行を推進するための指針を加盟国に提供する点にあります。また、ディーセント・ワークを推進すること、フォーマル経済のインフォーマル化を予防することも目的としています。

つぎに、フォーマル経済への移行を推進するための原則をさだめています。インフォーマル経済の現場において人権を擁護し、法令上においても、実際上においても、ディーセント・ワークの実現をはかります。特定の分野（強制労働、結社の自由・団体交渉、差別、児童労働、雇用、職業訓練、賃金、安全衛生、社会保障、弱者保護など）において国際労働基準に留意します。ジェンダー平等や差別の撤廃を推進し、社会的弱者にたいしてとくに注意をはらいます。課税のがれや社会・労働法規制のがれのためのフォーマル経済回避を防止します。

そして、加盟国は、ディーセント・ワークの創出や労働者の諸権利の保護など、上記の基本原則を実現するための総合的な政策わくぐみを自国の成長戦略または貧困撲滅戦略のなかにくみこむようもとめています。そのなかで、「雇用政策に関する条約」（第122号、1964年）に適合するかたちでディーセント（人間的）で、生産的で（ワーキングプアをつくるような仕事ではないという意味）、かつ自由に選択された完全雇用の創出を自国の国家成長戦略の中心に位置づけるようもとめています。

5 非差別・均等待遇の原則

非差別・均等待遇にかかわっては2つの重要な国際条約が存在します。

（1）ILO雇用差別禁止条約（第111号）

条約の一つは、ＩＬＯ「雇用および職業についての差別待遇に関する条約」（第１１１号、１９５８年）と同勧告（第１１１号）です。ＩＬＯの８つの基本的条約（注）の一つで、包括的な差別禁止条約となっています。日本は批准していません。「先進国」のなかでこの大切な条約を批准していない国は、日本と米国だけです。

この条約では、差別待遇について「人種、皮ふの色、性、宗教、政治的見解、国民的出身または社会的出身にもとづいておこなわれるすべての差別、除外または優先で、雇用または職業における機会または待遇の均等をやぶりまたは害する結果となるもの」〔第1条1項（a）〕と具体的に定義されています。また、この7つ以外の差別理由、たとえば年齢、エイズ、性的志向などを追加することができます〔第1条1項（b）〕。

この条約は、労働者を雇い入れる段階（採用）から雇用している期間中、そして雇用が終了するときにいたるすべての段階で、差別待遇をいっさいゆるさない内容になっています。

ここで注目していただきたいのは、「雇用」だけでなく「職業」が明記されている点です。これは、雇用されるまえの採用段階においても差別をしてはいけないという意味です。もう一つの意味は、雇用契約ではなく委託や請負といった契約で働く労働者をも適用対象にしており、これら労働者へのいっさいの差別を禁止しているということです。

（注）ＩＬＯは、全条約のなかで、中核的労働基準4分野の8本を基本的条約と位置づけ、１８７加盟国のすべてが批准するようとりくんでいます。日本は１０５号条約と１１１号条約を批准していません。8条約はつぎのとおり。

①結社の自由・団体交渉権の承認

・結社の自由および団結権の保護に関する条約（87号）
・団結権および団体交渉についての原則の適用に関する条約（98号）
②強制労働の禁止
・強制労働に関する条約（29号）
・強制労働の廃止に関する条約（105号）
③児童労働の禁止
・就業の最低年齢に関する条約（138号）
・最悪の形態の児童労働の禁止および廃絶のための即時行動に関する条約（182号）
④差別の撤廃
・同一価値の労働についての男女労働者に対する同一報酬に関する条約（100号）
・雇用および職業についての差別待遇に関する条約（111号）

（2）ILO「同一価値労働同一賃金条約」（第100号）

もう一つの条約は、ILO「同一価値の労働についての男女労働者に対する同一報酬に関する条約」（第100号、1951年）と同勧告（第90号）です。これについては、ジェンダー平等の章でくわしく紹介しましたので、そちらをお読みください。

6 パート労働者の保護

パート労働者の保護規定をさだめた国際条約がILO「パート労働者に関する条約」（第175号、1994年）です。日本は、批准していません。

ＩＬＯ条約・勧告は、パート労働者をふくめすべての労働者を適用対象にしています。にもかかわらずＩＬＯがパート労働者を直接の対象にした条約を採択したのは、年々増大するパート労働者が、労働時間が短いというただそれだけの理由で、不安定な雇用と低賃金、無権利状態におかれ、さらには社会保障制度からも排除され、その結果、パート労働者の労働実態がますます悪化している実態を懸念したからです。

労働時間の短いことが差別の理由になるという新しい状況が生じていること、またパート労働者の圧倒的多数が女性であり、家族的責任をはたすためにパート労働を選択せざるをえないという状況がうまれている現実を直視し、これまでの条約と勧告ではこうした事態を改善できないと判断したのでした。

ところで、日本でパート労働法が制定されたのは１９９３年です。すでにＩＬＯ総会ではパート労働条約制定のための第1回討議がはじまっており、日本政府は、当然、条約の内容を承知していました。にもかかわらず、条約の内容をいっさい無視して、条約採択前年の１９９３年にいそいでパート労働法を制定したのでした。ＩＬＯパート労働条約採択後にそれと相反する法律を制定することへの批判をさけるのが理由でした。ここにも日本政府の後進性があらわれています。

これにたいしてＥＵは、ＩＬＯ１７５号条約採択後、その内容をふまえたＥＵ「パート労働指令」（１９９７年）を採択しています。

7 派遣労働者の保護

(1) ILO「民間職業仲介事業所に関する条約」(第181号)

ILOは、公的職業紹介事業が死活的に重要であるとの立場を堅持し、労働市場の機能にとって第一義的責任をおうのが公的機関であり、公的職業紹介所と民間職業仲介企業との関係もこの見地から考えなければならない、と強調しています。

第181号条約の目的は、「民間職業仲介事業所の運営をみとめ、およびそのサービスを利用する労働者を保護することにある」(第2条)と明記されているとおりです。派遣労働をみとめる一方で、その乱用から労働者を保護する措置をとるよう各国政府にもとめています。労働者保護の原則にたって、労働者派遣事業を規制しようというのがこの条約の目的です。派遣労働の促進を目的とした条約ではありません。条約は、派遣労働者に労働基本権と均等待遇・差別禁止を保障する措置をとるよう各国政府にもとめています。

ILOは、派遣労働は臨時的業務にもっともよく対応できると判断しています。つまり、直接雇用が基本である、と判断し、派遣労働のような間接雇用は臨時的・一時的業務に限定される例外的な雇用だと考えています。

派遣労働は、国際的には「テンポラリー・ワーク」あるいは労働者とユーザー企業(派遣先)とのあいだに仲介企業(エージェンシー)が存在することから「テンポラリー・エージェンシー・ワーク」とよばれています。臨時的・一時的業務にきびしく制限して、こうよんでいます。これにたいし、日本では、臨時的・一時的業務という本質をあいまいにする「派遣」ということばが使われています。

(2) EU「派遣労働」指令

ＥＵでは、第181号条約採択後、長期にわたる労使協議のすえ、ＥＵ「テンポラリー・ワーク（派遣労働）」指令（２００８年）が採択されました。派遣労働者と派遣先労働者との均等待遇をさだめています。

ヨーロッパでは、ＥＵ「派遣労働」指令のもと、派遣労働のうけ入れを臨時的・一時的業務、つまり正社員がおこなう恒常的業務以外の仕事にきびしく制限されています。この原則を担保するのが派遣うけ入れ期間の制限です。

ギリシャでは８ヵ月、ルクセンブルクでは12ヵ月、フランスでは８ヵ月、ドイツでは18ヵ月（いったん撤廃された上限規制が復活しました）、ポルトガルでは６ヵ月〜12ヵ月（派遣うけ入れ理由によってことなる）、ベルギーでは３ヵ月〜６ヵ月（派遣うけ入れ理由によってことなる）などとなっています。

また、「みなし雇用」制度が確立しており、派遣労働者の50％が派遣うけ入れ期間終了後、派遣先に直接雇用されています。

(3) フォルクスワーゲンの派遣労働憲章

ドイツの自動車メーカーであるフォルクスワーゲンは２０１２年11月30日、フォルクスワーゲン欧州評議会とのあいだで「フォルクスワーゲン・グループ派遣労働憲章」と称する新しい労働協約をむすびました。全世界の事業所が適用対象になります。有利原則を採用し、派遣労働者にとってより有利な規制が存在するばあいはその規制を適用するとさだめています。

この憲章は、「派遣労働者はあくまで常用労働者を補完するもの」と位置づけています。つまり、常用代替を防止するという立場にたって、派遣労働者数について、工場ごとに、労働者全体の５％以内に制限すると明記しています。

この派遣労働憲章は、均等待遇も明記しています。賃金について、おそくとも9ヵ月の勤務ののち、同レベルの常用労働者と同等の基本賃金が派遣労働者に支給されます。12ヵ月をこえた派遣労働者には一時金が支給されます。フォルクスワーゲン・グループは、派遣会社がこれらの賃金を支給できるように保障すると約束しています。

くわえて、福利厚生施設の利用、健康管理措置、会社情報の提供などについても正社員と同等待遇にすると明記しています。さらに、派遣うけ入れ期間が18ヵ月を経過すると、労使が合意した基準にもとづいて、できるだけ正社員として雇い入れると明記しています。

以上にみてきたように、派遣先をしばる規制として注目されます。

（4）直接雇用が基本と日本政府が答弁

ところが、わが国では安倍政権のもとの2015年9月、国際的な基準や経験に背をむけて、①派遣労働は臨時的・一時的業務に限定する、②常用代替を防止するという大原則をなげ捨てる派遣法大改悪がおこなわれました。

ところで、派遣法改悪をめぐる国会審議において、日本共産党の辰巳孝太郎参院議員が政府を追及した結果、塩崎恭久厚生労働大臣（当時）は、「直接雇用が原則だ」と答弁しました（参院厚生労働委員会、2015年8月20日）。これまで政府は、国会審議のなかで「直接雇用が原則」と答弁したことがなかったので、とても重要な答弁になります。この政府答弁をうけて、国会で採択された附帯決議は「直接雇用が労働政策上の原則であることにかんがみ」「直接雇用の労働者であることが原則であること」と明記しました。この政府答弁と附帯決議を活用したいものです。

8 請負・委託労働者の保護

ＩＬＯは、すべての労働者が雇用形態や締結する契約の名称にかかわらず、人間らしい尊厳ある労働条件のもとで働けるよう、この課題の実現をいっかんして追求してきました。この見地から、雇用関係の外におかれている無権利の労働者の問題を「今日におけるもっともやりがいのある重要な課題のひとつである」（ファン・ソマビア前事務局長）と位置づけ、「雇用関係に関する勧告」（第１９８号、２００６年）を採択しました。

日本政府は、「働き方改革」のなかで、「雇用されない働き方」やテレワークを推進しようとしています。とりわけ厚生労働省の検討会がまとめた報告書「働き方の未来２０３５：一人ひとりが輝くために」（２０１６年８月）では、個人による業務委託契約や請負契約を働き方の主流として提起されています。これらは労働法が適用されない働き方であり、新たな非正規問題を引きおこさないためにも、国際基準をふまえたとりくみが重要になっています。

(1) ＩＬＯ「雇用関係に関する勧告」（第１９８号）

この勧告は、各国政府が偽造請負や「雇用関係の偽装」を根絶する政策をつくるようもとめています。その政策は、①雇用関係をさだめる法律を定期的に見直し、必要なときにはその適用範囲を拡大する、②国際労働基準を尊重する、③その政策は労使が協議したうえで策定する、とさだめています。

また、その政策にもりこむ措置として、①雇用と委託・請負を区別する基準を確立する、②偽装請負や偽装雇用とたたかう措置をとる、③雇用と委託・請負といったすべての契約のとりきめの基準を確立する、④安価で迅速、公平な紛争解決のしくみをつくる、⑤裁判官や労働監督官などに十分な訓練をおこなう、と例示しています。

さらに、雇用関係の存在を決定するために14の指標をしめし、1つないしそれ以上の指標が存在するばあいには雇用関係が存在すると法的に推定する、とさだめています。

14の指標は、以下のとおりです。

（a）

①仕事が当事者の指示および管理のもとでおこなわれている。

②仕事が事業体組織への労働者の統合をふくむものである。

③仕事が他者の利益のために、もっぱらもしくは主として遂行されている。

④仕事が労働者自身でおこなわなければならないものである。

⑤仕事がこれを依頼する当事者が指定もしくは同意した具体的な労働時間内または職場でおこなわれている。

⑥仕事が特定の存続期間および一定の継続性を有したものである。

⑦仕事が労働者にたいして就労可能な状況にあることを要求するものである。

⑧または、仕事がこれを依頼する当事者による道具、材料および機械の提供をふくむものである。

（b）

⑨労働者にたいする定期的な報酬の支払いがある。

⑩当該報酬が労働者の唯一または主な収入源となっている。

⑪食糧、宿泊および輸送等の現物による供与がある。

⑫週休および年次休暇等についての権利がみとめられている。

⑬労働者が仕事を遂行するためにおこなう出張にたいして当該仕事を依頼する当事者による支払いがある。
⑭または労働者にとって金銭上の危険がない。

わが国で労働者性の判断基準をしめしているのは「労働基準法の『労働者』の判断基準について」（1985年12月19日）です。「仕事の依頼、業務従事の指示等に対する許諾の自由の有無」「業務遂行上指揮監督の有無」「勤務場所、勤務時間の拘束性の有無」などの要素を例示し、それらを「勘案して総合的に判断する」としています。いくつもの要素を「総合的に判断する」というわが国の判断基準と、「1つないしそれ以上」とする国際基準とのちがいは歴然としています。できるだけ労働者性をはばひろくみとめ働く者を保護しようとするのがＩＬＯ勧告です。日本政府はＩＬＯ勧告に賛成したわけですから、この勧告にしたがって国内の判断基準を変更すべきです。日本共産党の吉良よし子参院議員がこの点を国会で提起しました（２０１７年5月22日、参院決算委員会）。

(2) ヨーロッパの経験

雇用されない就業者に労働法を適用してこれら労働者を保護するとりくみについて、ヨーロッパ諸国の経験が参考になります。

フィンランドでは、家内労働者に労働者保護法を適用しています。フランスでは、家内労働者にくわえて、ジャーナリスト、芸術家、モデルを雇用者としてあつかい労働法を適用しています。フランチャイズ加盟店主などは、非労働者としてのあつかいを維持したまま、労働法上のいくつかの規定を適用しています。イギリスでは、雇用されていない「労働者」に最低賃金法を適用しています。

わが国の最高裁は、雇用されていない新国立歌劇場合唱団員やＩＮＡＸカスタマー・エンジニアに労働者性をみとめる判決をくだしました。この判決を勝ちとった運動を、さらに労働者保護法を適用させるところにまで前進させることが新たな課題になっています。

日本では、個人請負の労働者性をみとめさせている労働組合として、ダンプ労働者を建交労が組織しているのをはじめ、土建労働者の全建総連や家内労働者のための家内総連、また、音楽家ユニオン、電産労、出版情報ユニオンなどがあります。

9 雇用対策の基本とは

本章の最後に政府がとるべき雇用対策の基本について検討します。これにも国際基準が存在します。

(1) ILO「雇用政策に関する条約」(第122号、1964年)と「雇用政策(補足規定)に関する勧告」(第169号、1984年)

122号条約は、「経済成長と経済発展を刺激し、生活水準を引き上げ、労働力需要を満たし、失業と潜在失業を克服するために」、各加盟国にたいし、主目標として、①完全雇用、②生産的雇用、③自由選択の雇用を促進するような積極的政策を追求するよう要請しています。

完全雇用とは、仕事につくことができ、仕事をもとめているすべてのものにたいして仕事がある、という意味です。生産的雇用とは、生産性向上とはまったく無縁の概念です。ワーキングプアにおちいるような仕事であってはならない、という意味です。

自由選択の雇用とは、人種・皮ふの色・性・宗教・政治的見解・国民的出身または社会的出身のいかんをとわず、職業選択の自由があり、また各労働者が自分にふさわしい仕事への資格を取得し、自分の技能と才能を利用することについて、最大限に可能な機会がある、という意味です。

以上の3要件のすべてをみたすような雇用政策を策定するのが政府の役割です。つまり、各加盟国は、質のよい雇用、人間らしい労働を実現する目的で雇用政策を策定しなければなりません。

さらに、１６９号勧告は、雇用は労働権を実現する手段であり、したがって、経済・社会政策の優先事項でなければならないという立場をうちだしています。つまり、雇用対策というのは、働く権利を実現するものでなければならないということです。

以上の国際標準は、日本国憲法27条とあいつうじるものがあると考えます。

(2) 日本国憲法27条

憲法27条は、労働権を保障しています。27条が制定された経緯は、つぎのとおりです。「19世紀の資本主義の発達の過程において、労働者は失業や劣悪な労働条件のために厳しい生活を余儀なくされた。そこで、労働者に人間に値する生活を実現するために、労働者を保護し、労働運動を容認する立法が制定されることになった。このような経緯をふまえて日本国憲法は、27条で勤労の権利を保障し（…）勤労が国民の義務であることを宣言し（法律により勤労を国民に強制することができるという意味ではない）、かつ勤労条件の法定を定めたものである」（芦部信喜『憲法　第4版』岩波書店、２００７年）。

本条2項は、「勤労条件に関する基準は、法律でこれを定める」と明記しています。これは、労働条件の最低基準については国家が介入し、法律によって適正な基準をさだめなければならないという意味です。この条項をうけて、労働基準法をはじめ雇用対策法、職業安定法、最低賃金法など多くの法律が制定されています。

第4章　人間らしい労働時間をめざして

大手広告代理店「電通」の新入社員が2015年12月のクリスマスに、みずからいのちを絶ちました。電通では、この社員をふくめ、20代～30代の若い3人の社員が過労死しています。この新入社員の過労死事件は、「電通ショック」と報道され、社会に大きな波紋をよんでいます。

つづいて、関西電力高浜原発（福井県）の運転延長をめぐって、原子力規制委員会の審査への対応をおこなっていた同社課長職の40代の男性が2016年4月、自殺しました（同年10月に労災認定）。1ヵ月の時間外労働は最大200時間にもおよんでいます。

さらに、三菱電機では、うつ病を発症した元社員の男性（31歳）に違法な長時間労働をさせていたとして、厚生労働省神奈川労働局が2017年1月11日、三菱電機と当時の労務管理担当者を労働基準法違反のうたがいで横浜地検に書類送検しました。この男性は、うつ病を発症して2016年6月に解雇され、労働基準監督署は同年11月、月100時間をこえる長時間残業がうつ病発症の原因だと判断し労災認定しています。

さらに、2017年4月、新国立競技場建設現場で現場監督をしていた入社1年目の男性（22歳）が過労自殺したことが判明し、同年10月に労災認定されました。自殺1ヵ月まえの残業時間は、厚労省「過労死ライン」の月80時間をはるかにこえる190時間18分に達していました。

長時間・過密労働の是正は、日本社会が解決しなければならない緊急かつ切実な課題です。日本共産党、民進党（当時）、自由党、社民党の４野党が２０１６年11月、罰則を強化した長時間労働規制法案をあらためて国会に提出したのは、この認識に立っての共同行動でした。

労働時間短縮は、18世紀後半の産業革命以来、労働者にとって切実な課題となってきました。１９１９年に結成されたＩＬＯが最初に採択した条約も、１日の労働時間を８時間、週の労働時間を48時間に制限する条約（第１号）でした。この労働時間規制をめぐる国際基準をみていきます。

1　労働時間の実態

まず、労働時間の実態をみてみましょう。

(1) 年４００時間～７００時間も長い日本

日本の年間労働時間は２００６時間です（パートを除く一般労働者。厚生労働省「毎月勤労統計調査２０１６年確報」）。これにたいして、ドイツは１３７１時間、フランスは１４８２時間、イギリスは１６７４時間です（日本労働政策研究・研修機構『データブック国際労働比較２０１７』）。

(2) 日本の年間残業時間はＥＵの３倍超

残業時間（年）という角度から労働時間の実態をみてみます。いずれもフルタイム労働者（全産業）で比較します。日本は１８７時間です。これにたいして、ドイツは53時間、フランスは55時間、イギリスは78時間です資料６。１年は52週で構成されますから、１週間に１時間残業をするかしないかというのがヨーロッパの実情です。

(3) 独・仏は勤務時間外の仕事メールを禁止

ヨーロッパの経験をもう少し具体的に紹介します。

まず、民間労働者のばあいです。企業のあいだで、夜6時以降の仕事メールを禁止する動きがひろがっています。メルセデス・ベンツを製造するドイツのダイムラー社では、夜6時以降に会社に仕事にかかわるメールを送ると、会社のサーバーから「夜は受けつけないので翌日送信してください」というメッセージが返ってきます。フォルクスワーゲン社でも同様の措置がとられています。

フランスでは、２０１７年1月から改正法が施行され、勤務時間外に仕事用の電子機器の「電源をオフにする権利」が保障されるようになりました。勤務時間外に仕事メールが送られてきても、読むか読まないかは労働者の自由で、メールを開封しなくても罰せられないといいます。

学校の先生のばあいはどうでしょうか〔初期中等学校（10歳～13歳）〕。学校の先生は、ほとんどが公務員です。法定上限時間は、デンマーク37時間、ドイツ40時間、スペイン38時間、フランス35時間、オランダ40時間、オーストリア40時間、スウェーデン40時間、スコットランド（イギリス）35時間など、ほとんどの国が40時間以内とさだめています。実態としてもほとんど残業がなく、この上限時間がまもられています。

看護師のばあいはどうでしょうか。残業時間をふくむ実労働時間でみてみます**資料7**。日勤のばあ

資料6　年間残業時間の国際比較

（全産業平均）

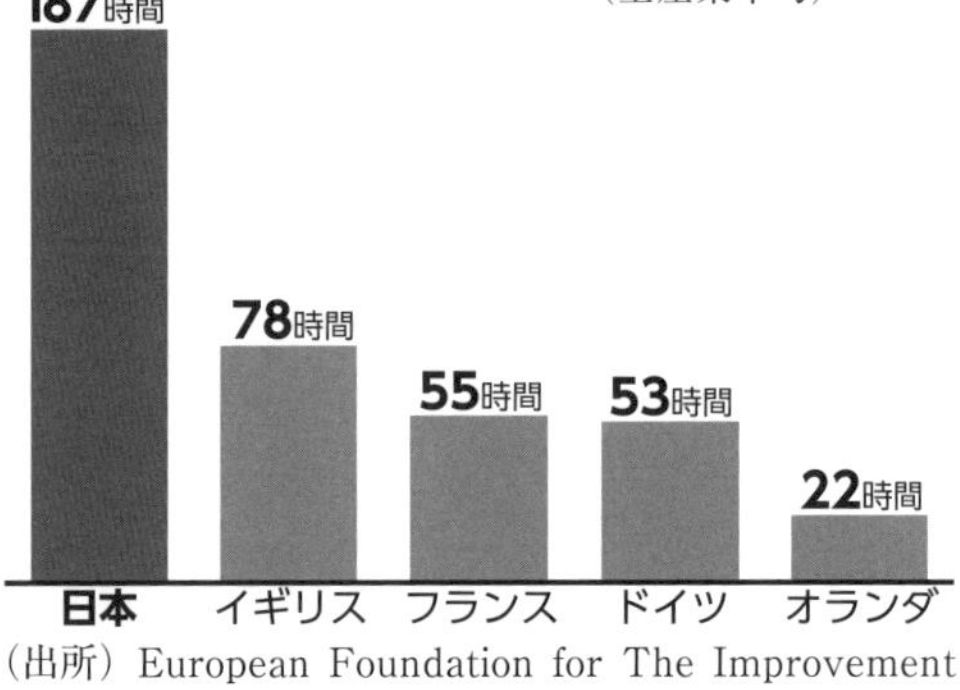

（出所）European Foundation for The Improvement of Living and Working Conditions, "Working time developments 2006"、厚労省「毎月勤労統計調査　2016年確報」などから日本共産党国会議員団作成

い、各国とも7割から8割の看護師の労働時間は、8時間以下です。夜勤のばあい、13時間をこえる看護師はほとんど存在しません。ＥＵ「労働時間指令」（後述）の規制がまもられています。日本の看護師のばあい、1ヵ月単位の変形労働時間制が導入されているところが多く、16時間夜勤が合法化されています。8時間の日勤のあとに16時間の夜勤をやるというような24時間勤務も合法です。

日本医労連は2016年9月に、看護師の夜勤にかんする国際シンポジウムを開催しました。このシンポジウムに参加した、ＩＬＯ担当者をはじめフランス、オーストラリア、韓国の代表者は、日本の「16時間夜勤」におどろいていました。

資料７　欧州の看護師の交代制勤務時間（残業を含む実労働時間）　単位（％）

	8時間以下	8.1時間～10時間	10.1時間～11.9時間	12時間～13時間	13時間超
ベルギー					
日勤	84	15	1	1	0
夜勤	5	67	25	4	0
イギリス					
日勤	45	11	12	29	3
夜勤	1	23	39	36	1
フィンランド					
日勤	71	24	0	2	4
夜勤	1	56	37	5	1
ドイツ					
日勤	74	25	0	0	0
夜勤	13	82	6	0	0
ギリシャ					
日勤	82	16	0	2	0
夜勤	80	17	0	1	2
アイスランド					
日勤	9	5	9	73	4
夜勤	0	0	19	79	1
オランダ					
日勤	80	18	0	0	2
夜勤	43	56	0	0	0
ノルウェー					
日勤	90	9	0	0	0
夜勤	1	96	2	0	0
ポーランド					
日勤	21	1	1	78	0
夜勤	0	0	0	99	0
スペイン					
日勤	90	0	0	7	2
夜勤	0	89	2	8	1
スウェーデン					
日勤	67	33	0	0	0
夜勤	0	92	6	0	0
スイス					
日勤	18	70	1	10	0
夜勤	5	76	4	15	0

（出所）P.Griffiths：Nurses'Shift Length and Overtime Working in 12 European Countries. "Medical Care" Volume52-Issue11（2014年11月）

2　EUの法的規制の内容

EU諸国の労働時間規制の柱となっているのがEU「労働時間指令」(1993年採択、2003年改正)です**資料8**。この指令は、公務員も適用対象にしています。民間も公務も同じ労働時間規制が適用されています。

なお、この指令の土台になっているのは、EU「基本権憲章」(2000年。法的拘束力をもつ)です。「すべての労働者は、労働時間の上限規制、日および週の休息時間ならびに年次有給休暇の権利を有する」(31条(2))と明記しています。

EU「労働時間指令」の主な内容は、つぎのとおりです。

(1) 残業をふくめ週48時間労働

週の労働時間は、残業をふくめいかなるばあいでも48時間をこえることができません。なぜ上限を48時間としているのか。それは、週48時間をこえる労働が心臓発作やストレス、メンタルヘルス、糖尿病、その他の病気の高いリスクをもたらすと判断されているからです。EU「労働時間指令」がその前文に「職場における労働者の健康と安全を促進することを目的に(…)」と明記し、同指令の目的がしめされています。

なお、夜業については、1日8時間に制限しています。

（2）連続11時間の休息時間

ＥＵ「労働時間指令」は、一つの勤務からつぎの勤務までのあいだに連続11時間の休息時間（勤務間インターバル規制）をさだめています。これはユニークな制度です。休息時間をさだめることによって、間接的に、１日の労働時間の上限をきめることができるからです。１日は24時間ですから、１日の労働時間は最大13時間（24時間－11時間）に制限されることになります。すべてのＥＵ加盟国の１日の労働時間の上限が13時間以内に制限されているのはそのためです資料9。

資料８　日欧の労働時間規制の比較

（公務労働にも適用）

	日本	EU「労働時間指令」(1993年制定、2003年改正)
法定労働時間	●週 40 時間 ●日 8 時間	●各国ごとに定める
労働時間の上限規制	●なし	●７日につき、残業を含め平均して 48 時間を超えないこと（算定基準期間４ヵ月以内）
年次有給休暇	●最低 10 日 ●最大 20 日	●最低４労勧週（代償手当は禁止）
勤務間インターバル規制	●なし	● 24 時間につき連続 11 時間の休息時間
夜業の規制	●なし	● 24 時間につき平均 8 時間（算定期間は最長 4 ヵ月）

（出所）著者作成

（3）有給休暇は４労働週

有給休暇は、最低４労働週を保障しています資料10。週５日労働の場合は最低20日、週６日労働の場合は最低24日ということになります。さらに、産業別の労働協約によって有休が上積みされています。ところが、日本では、最低10日であり、最大でも20日です。

興味深いのは、「有給の公休日」がさだめられている点です。祝祭日に仕事が休みになっても賃金を保障するという制度です。月給労働者にとっては切実な制度といえないかもしれません。しかし、時間給や日給で働く非正規労働者にはとても切実な制度です。たとえば、５月のように祝祭日の多い月は、出勤日数が少なく、時間給や日給で働く労働者にとって賃金が減少す

資料9　「先進国」の労働時間／労働時間の法的上限規制・残業規制

国	労働時間(週)	労働時間(日)	残業時間の上限規制	割増賃金	最低休息時間(日)	労働時間の上限(週)	労働時間の上限(日)
オーストラリア	連邦法規制なし	連邦法規制なし	連邦法規制なし	連邦法規制なし	連邦法規制なし	連邦法規制なし	連邦法規制なし
オーストリア	40時間	8時間	週5時間 年60時間	50%	11時間	46時間	10時間
ベルギー	38時間	8時間	日3時間 週12時間	50%	11時間	50時間	11時間
カナダ	40時間	8時間	週8時間	50%	なし	48時間	なし
デンマーク	なし	なし	なし	なし	11時間	48時間	13時間
フィンランド	40時間	8時間	4ヶ月で138時間、年250時間以下	50％(最初の2時間)以後は100%	11時間	48時間	13時間
フランス	35時間	なし	年220時間	10%	11時間	48時間	10時間
ドイツ	なし	8時間	なし	なし	11時間	48時間	8時間
アイルランド	なし	なし	なし	なし	11時間	48時間	13時間
イタリア	40時間	なし	年250時間	10%	11時間	48時間	13時間
日本	40時間	8時間	なし	25%	なし	なし	なし
ルクセンブルク	40時間	8時間	日2時間 週8時間	25%(ブルーカラー)50％(ホワイトカラー)	なし	48時間	10時間
マルタ	なし	なし	なし	なし	11時間	48時間	13時間
オランダ	40時間	9時間	日2時間・週平均5時間(13週間のうち)	40%	11時間	45時間	11時間
ニュージーランド	40時間	なし	なし	なし	なし	なし	なし
ノルウェー	40時間	9時間	日5時間 年200時間	40%	11時間	48時間	14時間
ポルトガル	40時間	8時間	日2時間 年150～175時間	100%	11時間	48時間	10時間
スペイン	40時間	9時間	年80時間	協定で規定	12時間	41.5時間	12時間
スウェーデン	40時間	なし	月50時間 年200時間	なし	なし	40時間	なし
スイス	45～50時間	なし	日2時間、年140～170時間	25%	11時間	49～53時間	13時間
英国	なし	なし	なし	なし	11時間	48時間	13時間
米国	40時間	なし	なし	50%	なし	なし	なし

(注) 労働協約で労働条件を定めることの多いEU諸国では、国内法で定めのない場合、EU「労働時間指令」によって規制される。
(出所) ILO, “Working time laws：A global perspective”, 2005

資料 10　「先進国」の休憩時間と有給休暇

国	最低休憩時間	最低週休		最低年休		有給の公休日
		日数	曜日	週５日労働の場合	週６日労働の場合	
オーストラリア	連邦法規制なし	連邦法規制なし	連邦法規制なし	連邦法規制なし	連邦法規制なし	連邦法規制なし
オーストリア	30 分	1 日	日曜	25 日	30 日	13 日
ベルギー	15 分	1 日	日曜	24 日	24 日	10 日
カナダ	なし	1 日	日曜	12 日	12 日	9 日
デンマーク	明記せず	1 日	日曜	30 日	30 日	不明
フィンランド	1 時間	1 日	日曜	30 日	30 日	不明
フランス	20 分	1 日	日曜	30 日	30 日	11 日
ドイツ	30 分	1 日	日曜	24 日	24 日	不明
アイルランド	30 分	1 日	日曜	20 日	24 日	9 日
イタリア	10 分	1 日	日曜	20 日	24 日	10 日
日本	45 分	1 日	明記せず	10 日	10 日	なし
ルクセンブルク	30 分	1 日	日曜	25 日	25 日	10 日
マルタ	15 分	1 日	明記せず	24 日	28 日	14 日
オランダ	30 分	1 日	日曜	20 日	24 日	8 日
ニュージーランド	なし	なし	適用なし	15 日	18 日	11 日
ノルウェー	30 分	1 日	日曜	25 日	25 日	12 日
ポルトガル	1 時間	1 日	日曜	22 日	22 日	13 日
スペイン	15 分	1.5 日	日曜と、土曜の午後または月曜の午前	20 日	24 日	14 日
スウェーデン	明記せず	1 日	明記せず	25 日	29 日	法的規制なし
スイス	15 分	1 日	日曜	20 日	24 日	9 日
英国	20 分	1 日	明記せず	20 日	24 日	法的規制なし
米国	なし	なし	適用なし	なし	なし	法的規制なし

（出所）ILO, “Working time laws：A global perspective”, 2005

る月になってしまいます。ＥＵでは、労働者がこうした不利益をこうむらないようにしています。

くわえて、有休消化率が日本とＥＵで大きくことなります。世界最大級の総合旅行サイト「エクスペディア」の調査によると、日本の有休消化率は50％です。ヨーロッパでは１００％消化しています。

（4）ＥＵ「労働時間指令」の実施状況

ＥＵ「労働時間指令」の実施状況について、ＥＵの報告書が発表されています。

報告書は、「ヨーロッパ委員会（ＥＵ執行機関）は、ＥＵの大多数の使用者が労働時間指令にもとづくルールのもとで活動しているとみとめる」と評価しています。週48時間の上限規制については「一般的に満足できる状況にある。多くの加盟国は、さらにきびしい保護水準を国内法でさだめている」と指摘。連続11時間の休息時間と年次有給休暇、夜業についても「一般的に満足できる状況にある」と指摘しています。

労働時間の分野は、ＥＵのなかでも規制緩和がすすんでいる分野であり、規制緩和をすすめようとする使用者と、労働者保護を強化しようとする労働者・労働組合がはげしくせめぎあっている分野です。フランスでは、残業時間の上限が従来の年90時間から年２２０時間へと延長されました。しかし、労働組合のたたかいによって、残業には労働者本人の個別の同意が必要であるという規制が維持され、週35時間労働制を堅持しています。

101	106	132	153	171	175	合計
有給休暇（農業）	週休（商業及事務所）	有給休暇（改正）	労働時間及休息時間（路面運送）	夜業	パートタイム労働	
●						5
●		●		●	●	10
		●		●		8
	●					3
		●			●	7
●	●					10
●		●				2
	●					7
●		●			●	7
		●				8
●	●	●			●	9
		●		●	●	9
●	●				●	7
●						2
	●	●		●	●	8
				●		7
●	●	●	●			11
●		●			●	6
●						4
						0
						0
11	7	11	1	5	8	

3　なぜ日本は立ちおくれているのか

　ヨーロッパのとりくみにくらべなぜ日本では労働時間規制がこのように立ちおくれているのでしょうか。それは、労働時間にかんするILO条約（18本）を一つも批准していないからです資料11。主要「先進国」のなかで、批准ゼロの国は、日本と米国だけです。「工業における労働時間を1日8時間かつ1週48時間に制限する条約」（第1号）を討議採択した1919年のILO総会で、日本政府は、〝わが国は特殊な事情をかかえている〟と主張し、条約の採択に徹底的に反対しました。それ以降今日にいたるまでの98年間、日本政府は労働時間規制にまったくうしろむきの態度をとりつづけています。

　日本で8時間労働制の原則がくずれたのは、1987年の週休2日制（週40時間労働）の導入にともなう労働基準法の改定以降です。1日8時間労働の規制がゆるめられる労働時間の「弾力化」が一気にすすめられました。フレックスタイム制、裁量労働制、1ヵ月・3ヵ月単位の変形労働時間制などが導入されました。これらは労働

資料11　ILO労働時間関連条約批准一覧／OECD加盟のEU諸国と米国、日本

（注）●は批准

国＼条約	1 労働時間（工業）	4 夜業（婦人）	14 週休（工業）	20 夜業（パン焼工業）	30 労働時間（商業及事務所）	41 夜業（婦人）（改正）	43 板硝子工場	47 40時間制	49 労働時間短縮（硝子ビン工場）	52 有給休暇	67 労働時間及び休息期間（路面運送）	89 夜業（婦人）（改正）
オーストリア	●	●			●							●
ベルギー	●	●	●			●	●					●
チェコ	●		●				●		●	●		●
デンマーク			●							●		
フィンランド			●	●	●			●		●		
フランス	●	●	●			●	●		●	●		●
ドイツ												
ギリシャ	●	●	●			●				●		●
ハンガリー		●	●			●				●		
アイルランド		●	●	●		●	●		●			●
イタリア	●	●	●							●		●
ルクセンブルク	●	●	●	●	●							●
オランダ		●	●			●						●
ポーランド			●									
ポルトガル	●	●	●									●
スロバキア	●		●				●		●	●		●
スペイン	●	●	●	●	●					●		●
スウェーデン			●	●				●				
英国		●				●	●					
米国												
日本												
合計	10	12	16	5	4	7	6	2	4	9	0	12

（出所）著者作成

時間管理がむずかしく、全産業規模で「サービス残業」や長時間労働が横行する結果になりました。

（1）「働き方改革」でなく働き方改悪

安倍政権の「働き方改革」にもこの立ちおくれがはっきりとあらわれています。

政府の「働き方改革実行計画」（2017年3月28日決定）は、①年間720時間までの残業をみとめる、②1年のうちの半分の6ヵ月は大臣告示の月45時間をこえてはならない、③残りの6ヵ月は、月45時間をこえて、月平均で80時間まで残業をみとめる、④単月で「100時間未満」まで残業をみとめる、という内容です。「未満」というと100時間はふくまれません。しかし、労働時間は1分単位で計算しますから、99時間59分まではみとめるということになります。「未満」であろうが「以上」であろうがほとんど意味がありません。

さらに重大な問題があきらかになりました。月45時間をこえてはならないというこの6ヵ月には休日労働がふくまれないという問題です。また、「年720時間以下」という規定にも休日労働がふくまれません。したがって、休日労働をふくめると年間で960時間もの残業をみとめるというのが政府案です。「毎月80時間」の残業を容認することになります。過労死基準をこえるような基準を法律でさだめようというのが、安倍政権の「働き方改革」です。

経団連は、時間外労働の労使協定（36協定）の特別条項（青天井の残業を可能にする）の見直しについて、「顧客や消費者からの突発的な要望」などをあげて、現状を追認しようとしています。インターバル規制についても日本特有の商慣行やサービスのあり方があるとして、義務化に反対しています（2017年版「経労委報告」より）。

こうした「働き方改革」にたいして、「月100時間残業合法化はゆるされない」（「全国過労死を考える家族の会」寺西笑子代表の参考人質疑での陳述、２０１7年3月8日）とのつよい批判がよせられているのは、当然です。「働き方改革」ではなく働き方改悪になっているからです。過労死の危険をおかしてまで働かせることを「合法化」するなどぜったいにゆるしてはなりません。

(2)「高度プロフェッショナル制度」の問題点

安倍政権は、いわゆるホワイトカラー労働者に適用している企画業務型裁量労働制を営業職にまで適用範囲をひろげようとしています。裁量労働制は、長時間労働の温床の一つになっており、みとめるわけにはいきません。

安倍政権は、これにくわえて、「高度プロフェッショナル制度」なるものを導入しようとしています。この制度は、時間外・深夜・休日労働の割増賃金の支払いを免除するものです。文字どおりの「残業代ゼロ」制度です。さらに、労働時間管理をする必要もなく、労働時間が6時間をこえれば45分の休憩、8時間をこえれば60分の休憩をあたえる必要もありません。労働者が完全に労働時間規制の枠外におかれるというのが「高度プロフェッショナル制度」＝「残業代ゼロ」制度です。

①米国のホワイトカラー・エグゼンプション制度の実態

その本家本元が米国の「ホワイトカラー・エグゼンプション」制度です。ホワイトカラーから労働時間規制を除外する（エグゼンプション）制度です。この本家本元の姿をみれば、日本で安倍政権がやろうとしている「残業代ゼロ」制度がどんな制度なのか、具体的にイメージをもっていただけると思います。

年収要件があります。賃金が週４５５ドル以上の労働者が適用対象です。１ドルを１００円として換算すると、週給4万5500円です。月給に直すと18万2000円です。年収では218万4000円です。年収200万円を少しこえるような労働者が「残業代ゼロ」になっているのが米国です。

どのくらいの労働者が「残業代ゼロ」になっているのかというと、全雇用者の21％、ホワイトカラーの約4割（1999年）です。「米国では残業代ゼロ見直しへ」（『週刊東洋経済』2014年5月24日）によると、ホワイトカラーの88％が「残業代ゼロ」になっているといいます。

では、実態はどうなっているでしょうか。マクドナルドのようなファーストフード店の店長・副店長が「残業代ゼロ」になっています。ふだんはハンバーガーを焼き、客に提供する仕事をしている人たちです。ときどきパソコンの前にすわって計算をして、肩書きだけが店長、副店長になっている人たちが「残業代ゼロ」です。長距離トラックの運転手も「残業代ゼロ」です。なぜ長距離トラックの運転手がホワイトカラーで「残業代ゼロ」なのかというと、「すわって仕事をしているから」というのです。これは冗談ではなく、米国の報告書に書かれています。ニューヨーク市では、労働の実態とは無関係に、管理職的な名前がついた「肩書き」だけで全部ホワイトカラーと位置づけられ、「残業代ゼロ」になっています。安倍政権がやろうとしているのがこれです。

本家本元の米国では、こんな働き方を転換しようと、ホワイトカラー・エグゼンプション制度の見直しがはじまっています。その背景に、未払い残業代をめぐる集団訴訟があります。

②3つのごまかし

「高度プロフェッショナル制度」（「残業代ゼロ」制度）の最大の問題は、労働時間規制を完全になくしてしまう点にあり、文字どおり日本の労働法制を根幹からくつがえすものとなっていることです。日本共産党の志位和夫委員長は、衆院予算委員会の基本的質疑（2015年2月）において、「大臣告示もまもらず、過労死ラインを超える長時間労働をすすめる大企業に、こんな法律をあたえるなら、いよいよ長時間労働に歯止めがきかなくなる」と追及し、断念をもとめました。

「残業代ゼロ」制度を導入しようとする政府の主張にはいくつものごまかしがあります。

一つは、年収１０７５万円という高収入に限定するという点です。経団連は、「年収４００万円以上」を提言しています。塩崎恭久厚生労働大臣（当時）も「小さく生んで大きく育てる」と明言しています。年収要件は法案に明記されていません。いったん導入されるなら、どんどん対象がひろがります。

二つは、時間でなく成果で評価するという点です。これは法案に書かれていません。しかも、成果主義賃金を導入した職場では、長時間労働がまん延しています。労働者は、成果をだすために、時間と体力の限界をこえて働かざるをえない立場に追いやられます。そのうえ、労働時間規制をはずせば、際限のない労働に追い立てられることになってしまいます。

三つは、「健康確保措置」を義務づけるという点です。「年１０４日以上の休日」をあたえて「健康確保」するといいます。しかし、１０４日の休日というと平均で週2日の休日になります。お盆も正月もゴールデンウィークもありません。年２６１日は、無制限の長時間労働がおしつけられます。休憩時間もありません。24時間ぶっとおしで働かせてもなんら問題にならない。これが「高度プロフェッショナル制度」です。

こんな制度が導入されるなら、過労死が激増するのは火をみるよりあきらかです。だからこそ、広範な労働組合、市民団体がつよく反対してきました。この2年間、国会に提出したものの審議できなかったのは、それだけ反対の声がつよいからです。「残業代ゼロ」制度は撤回以外にありません。

4 長時間労働をどう規制するか

安倍政権による働き方改悪にたいして、長時間労働を規制するとりくみが前進しています。労働組合はナショナルセンターのちがいをこえた共同行動や署名運動にとりくんでいます（巻末資料参照）。また、野党共闘が前進するなかの２０１６年11月、民進党（当時）と共産党、自由党、社民党が、罰則を強化した長時間労働規制共同法案をあらためて国会に提出しました。青天井になっている残業時間に上限をさだめ、勤務間のインターバル規制（連続11時間の休息時間）を新設し、恣意的運用のひろがる裁量労働制などの要件を厳格化する法案です。

野党のなかで、長時間労働の実態を的確にふまえこれを規制するもっとも実効性のある法規制を提案しているのは日本共産党です。

（1）もっとも実効性ある日本共産党の立法提案

日本共産党が２０１７年3月に発表した「緊急提案」は、（1）残業時間の上限規制、（2）割増残業代をきちんと支払わせる、という2つの方向からの労働時間規制を提案しています。

①残業の上限を週15時間、月45時間、年３６０時間とさだめた厚生労働大臣告示を法律に格上げして労働基準法に明記し、例外なくすべての労働者に適用します。

②一つの勤務からつぎの勤務までのあいだに連続11時間の休息（勤務間インターバル規制）を確保します。

③労働時間管理台帳の調整（作成）を使用者に義務づけ、これに違反する使用者に罰則を科します。

④「サービス残業」が発覚した段階で、未払い残業代の2倍の金額を労働者に支払わせます。

⑤「名ばかり管理職」をきびしく規制するために、労働基準法上の「管理監督者」の定義を厳格に適用させます。

⑥２０１６年12月に改正された「下請振興基準」を厳格にまもらせ、下請中小企業における労働時間短縮をすすめます。

⑦１日2時間と週8時間をこえる残業にたいする賃金割増率を50％に引き上げます。また、残業が３日連続し4日目以降も残業させるばあいの賃金割増率を50％に引き上げます。

⑧年次有給休暇を最低20日（現行は10日）とし、一定日数の連続取得と完全消化を保障させます。傷病や家族の看護への心配によって年休取得をひかえることのないように、有給の傷病・看護休暇を創設します。

(2) 日本初のパワハラ防止法案

日本共産党の「緊急提案」のもう一つの大きな特徴が、長時間労働と一体の関係にあるパワハラを規制している点です。同党のブラック企業規制法案の重要な柱でもあります。労働安全衛生法の一部改正という形式を採用しています。

現在、わが国には、パワハラを規制する法律が存在しません。このブラック企業規制法案が国会で成立すれば、わが国ではじめてのパワハラ防止法が誕生することになります。

現在のパワハラ規制は、労働局による助言と、個別労働紛争処理制度にもとづくあっせんしか存在しません。

これにたいして、日本共産党のブラック企業規制法案は、パワハラをおこなった企業に是正指導と是正勧告をおこないます。是正指導・勧告にしたがわない企業の名前を公表します。また、パワハラを労働局にうったえた労働者にたいする、解雇やその他不利益なとりあつかいを禁止しています。

(3) 労働法をまもらせる監視体制の強化を

日本共産党の「緊急提案」は最後に、労働法をまもらせる監視体制と違法行為への社会的制裁を強化し、そのために労働基準監督官の増員をはじめ労働基準監督署の体制強化を提案しています。

現在、労働基準監督署に配属されている監督官は、2474人です。国際的におくれた水準にあります。ILOは、労働監督官の配置基準をきめています。日本のような「先進国」のばあい、1万人の労働者に1人の監督官という配置基準です。日本の雇用者数は約5700万人ですから、5700人の監督官が必要になります。日本共産党は、労働基準監督官を2倍以上に増員するよう提案しています。

5 時間は人間発達の場

「時間は人間発達の場である」(マルクス『賃金、価格および利潤』)といわれるとおり、労働時間短縮は、人間的な生活を実現するうえできわめて重要な課題です。世界の労働者は、18世紀後半の産業革命以来、この切実な課題にとりくんできました。

第一インタナショナルという労働者の国際組織は1867年、「労働日の制限は、それなしには、いっそうすすんだ改善や解放の試みがすべて失敗に終わらざるをえない先決条件である。それ(労働時間短縮)は、労働者階級、すなわち各国民中の多数者の健康と体力を回復するためにも、またこの労働者階級に、知的発達をとげ、社交や社会的・政治的活動にたずさわる可能性を保障するためにも、ぜひ必要である。われわれは労働日の法定の限度として8時間を提案する」として、8時間労働制の実現を大会できめました（マルクス「個々の問題についての暫定中央評議会代議員への指示」、全集⑯191ページ）。

この決定をうけ、8時間労働して、8時間寝て、8時間は自分の時間につかうという8時間労働制の実現が世界の労働者の共通要求になっていきました。

労働問題の国際機関として1919年に結成されたILO（国際労働機関）が最初に採択した条約は、工業部門における1日の労働時間を8時間に、週の労働時間を48時間に制限する条約（第1号）でした。こうしたたたかいの結果、1日8時間・週40時間労働が世界に定着しています。長時間労働を規制しながら、労働時間の抜本的短縮を実現するために、奮闘したいものです。

第5章　世界がみとめる最低賃金制の役割

ＩＬＯや国連さらには世界各国が、貧困の解消と格差の是正にはたす最低賃金制の役割にあらためて光をあて、重視しています。経済危機のもと、Ｇ２０会議（先進20ヵ国会議）でも、最低賃金制の役割が強調されています。本章では、世界がみとめる最低賃金制の役割をみていきます。

1　日本の最低賃金制の特異な特徴

日本の最低賃金制は、地域別最低賃金と特定（産業別）最低賃金の2つの制度を基本に構成されています。

地域別最低賃金は、各都道府県の最低賃金審議会の審議をへて、各都道府県の労働局長が決定します。適用労働者は、全国で約５７００万人の民間労働者です。

２０１７年度の最低賃金は、資料12にあるとおりです。都道府県ごとにバラバラにことなる最低賃金がきめられています。全国加重平均は、８４８円です。最高の東京が９５８円、最低の高知、佐賀、熊本、大分、宮崎、鹿児島、沖縄が７３７円という低額です。最高と最低のあいだに、２２１円、年間で39万７８００円（年１８００時間で計算）もの格差が存在します。この地域間格差は、この20年間、毎年ひろがっています。以前は１００円を切っていました。格差の是正を目的とする最低賃金制のもとで格差が拡大するという異常な事態になっています。

特定（産業別）最低賃金は、各都道府県別に特定の産業に働く労働者を適用対象とする最低賃金です。適用労働者は年々減少し、全国で約３１６万人の民間労働者です。地域別最低賃金より約10％高い最低賃金が設定されていましたが、現在は５％へと低下しています。

財界と政府は、この特定（産業別）最低賃金を廃止する方向を明確にうちだしています。廃止の理由は、①地域別最賃の大幅引き上げがつづいて、特定最賃額との差が縮まっている、②労働組合のない企業への波及効果が少ない、③グローバル化の中で地方の企業も国や地域をこえて活動している――というものです。「廃止先にありき」で、説得力のない理由をならべ立てています。

資料12　2017年度地域別最低賃金改定状況

都道府県名	最低賃金時間額【円】	
北海道	810	(786)
青　森	738	(716)
岩　手	738	(716)
宮　城	772	(748)
秋　田	738	(716)
山　形	739	(717)
福　島	748	(726)
茨　城	796	(771)
栃　木	800	(775)
群　馬	783	(759)
埼　玉	871	(845)
千　葉	868	(842)
東　京	958	(932)
神奈川	956	(930)
新　潟	778	(753)
富　山	795	(770)
石　川	781	(757)
福　井	778	(754)
山　梨	784	(759)
長　野	795	(770)
岐　阜	800	(776)
静　岡	832	(807)
愛　知	871	(845)
三　重	820	(795)
滋　賀	813	(788)
京　都	856	(831)
大　阪	909	(883)
兵　庫	844	(819)
奈　良	786	(762)
和歌山	777	(753)
鳥　取	738	(715)
島　根	740	(718)
岡　山	781	(757)
広　島	818	(793)
山　口	777	(753)
徳　島	740	(716)
香　川	766	(742)
愛　媛	739	(717)
高　知	737	(715)
福　岡	789	(765)
佐　賀	737	(715)
長　崎	737	(715)
熊　本	737	(715)
大　分	737	(715)
宮　崎	737	(714)
鹿児島	737	(715)
沖　縄	737	(714)
全国加重平均額	848	(823)

（注）カッコ内は2016年度地域別最低賃金
（出所）厚生労働省ホームページ

2 世界であたりまえの全国一律最低賃金制

世界では、全国に共通する最低賃金をさだめる全国一律最低賃金制があたりまえです資料13。地域別に最低賃金をきめる国は、わずかに9ヵ国です。その特徴は、国土面積の大きい発展途上国が多数をしめている点です。中国の国土面積は、日本のそれの25・4倍、インドネシアは5倍です。経済統合がそれほどすすんでいないために地域間格差が大きい国であり、地域別最低賃金を採用する一定の理由が存在します。

ＯＥＣＤ加盟国のなかで地域別最低賃金制を採用しているのは、日本とカナダだけです。カナダは連邦国家で、州政府ごとに最低賃金を設定していますので、全国一律を採用しない一定の理由が存在します。これにたいし、国土面積が小さく、経済統合がすすんでいる日本が地域別最低賃金制を採用しているのは、世界で異常としかいいようがありません。

しかも、地域別最低賃金の数も異常です。中国は39、インドネシアは30、フィリピンは16、カナダは12です。ところが日本は47です。メキシコは、かつて１１０もの最低賃金がありましたが、３つにへらしながら全国最低賃金制を実現していきました。

ＥＵでは、産業別に労働協約で最低賃金をきめる国が多数ですが、その産業別最低賃金は全国規模できめられています。このなかでドイツは、２０１５年から法定の全国一律最低賃金制を実施するようになりました。ベルギーは、労働協約で産業別の全国一律最低賃金を設定して、これに法的根拠をあたえています。

資料13　世界の最低賃金制

	全国最賃		地域別最賃		その他
地域	全国・全産業一律最賃	部門別・職業別最賃(全国一律)	地域別最賃	部門別・職業別最賃(地域別)	部門別・職業別最賃
アジア・オセアニア	アフガニスタン 韓国 ラオス モンゴル ミャンマー ネパール ニュージーランド パプアニューギニア ソロモン諸島 タイ バヌアツ ベトナム	オーストラリア バングラデシュ カンボジア フィジー インド イラン マレーシア パキスタン スリランカ	中国 インドネシア 日本	フィリピン 日本	ブルネイ ダルサラム シンガポール
アフリカ	アルジェリア ベニン ブルキナファソ エリトリア ガボン ガーナ リビア ナイジェリア ルワンダ サントメ・プリンシペ セイシェル ソマリア スーダン スワジランド ザンビア ジンバブエ	アンゴラ ボツワナ ブルンジ カメルーン 中央アフリカ チャド コモロ コンゴ共和国 コート=ジボアール エジプト 赤道ギニア ギニア・ビサウ レソト マダガスカル マラウィ モーリタニア モーリシャス モロッコ モザンビーク ニジェール セネガル 南アフリカ タンザニア トーゴ チュニジア ウガンダ		ケニヤ マリ ナミビア	カボヴェルデ
北・中南米	バハマ ボリビア ブラジル チリ コロンビア キューバ ハイチ パラグアイ ペルー トリニダード・トバゴ 米国 ベネズエラ	アンティグア=バーブーダ アルゼンチン バルバドス ベリーズ コスタリカ ドミニカ国 ドミニカ共和国 エクアドル グレナダ グアテマラ ガイアナ ホンジュラス ジャマイカ メキシコ ニカラグア パナマ セントキッス=ネイビス ウルグアイ	カナダ		
中東(アラブ諸国)	イラク ヨルダン レバノン アラブ首長国連邦	クウェート シリア			バーレーン カタール サウジアラビア イエメン
欧州	アルメニア ブルガリア キプロス チェコ エストニア フランス ドイツ ハンガリー アイルランド リトアニア ルクセンブルク マルタ モルドバ オランダ ポルトガル ルーマニア ロシア連邦 セルビア スロバキア スロベニア スペイン トルコ ウクライナ 英国	オーストリア ベルギー クロアチア デンマーク フィンランド ギリシャ アイスランド イタリア ノルウェー サンマリノ スウェーデン		スイス	
	68	66	4	6	8

(出所) ILO, “Working conditions laws report 2012” から作成。
(注) ドイツは2015年1月、全国一律最低賃金制を施行。

3 全国一律最低賃金制にむけた流れ

ＩＬＯ『最低賃金決定の基本』（２００５年）は、複数の最低賃金は最低賃金制の本質をゆがめる、と指摘しています。このゆがみを防止するために、地域別や部門別・職業別の最低賃金制を採用し複数の最低賃金が存在する国においても、貧困・格差問題の解決に大きな役割をはたす最低賃金制の強化を目的に、最低賃金の数をへらし、全国一律の方向にすすんでいます。

フランスの最低賃金制は、導入された当初は全国一律ではなく、農業と非農業が区別され、さらに地域的にもいくつかの最低賃金が存在していました。しかし数年をかけて、この格差をなくし、全国一律に移行していきました。イギリスでは、保守党政権時の１９９３年に廃止された最低賃金制が、労働党政権時の１９９９年に全国一律最低賃金制として復活しました。その背景には、低賃金労働者の賃金底上げと賃金格差の是正、貧困の克服という政策目標がつよく働いていました。導入後、賃金格差が縮小しており、全国一律最低賃金制が機能していることが、英政府「低賃金委員会」の報告書でも確認されています。

インドでは、労働組合の組織率の低い部門・職業を中心に、中央レベルで45の最低賃金、州レベルでさらに１２３０もの最低賃金を設定していました。しかし、１９９６年に全国最低賃金制を導入しました。これにつづいて、パキスタンも全国最低賃金制を導入しました。

連邦国家のブラジルは、１９８４年に全国一律最低賃金制を導入し、20州でそれぞれ設定していた地域別最低賃金を廃止しました。アルゼンチンも同様に、地域別最低賃金を廃止し、全国最低賃金制を導入しています。メキシコは、１１０もあった最低賃金を３つにへらし、そして全国最低賃金制を実現しました。

コンゴでは、１９６０年に２５７の地域別最低賃金が存在していましたが、現在は７つにまでへらしています。このほか、アルジェリアやガボン、トルコなどでも、複数の最低賃金を削減しながら、全国一律最低賃金制を導入していきました。

これらの諸国に共通するのは、最低賃金を全国一律にするために、生計費の地域間格差を是正する努力がなされてきたという点です。日本政府は、地域間で生活費の格差があるから全国一律最低賃金制は採用できないといっています。しかし、世界各国は、この生活費の格差を是正する努力と一体に全国一律最低賃金制を導入していったのです。

では、日本の最低生計費の地域間格差はどれだけあるのでしょうか。じつは、ほとんどありません。東北地方と首都圏の最低生計費を計算した生計費調査（労働総研、全労連）によると、東北地方の最低生計費（25歳単身男性）は23万１４２１円で、首都圏の最低生計費（20歳代単身者）は23万３８０１円です。首都圏の生計費のほうが高いと考えられてきましたが、地方では自家用車が必需品になっており、生活に必要な費用は、地域間でほとんどひらきがありません。全国一律最低賃金制を拒否する政府の主張には根拠がありません。

4　日本の最低賃金は「先進国」で最低

日本の最低賃金は、制度が異常なだけでなく、その水準が「先進国」で最低という異常さがあります資料14。２０１７年1月段階の金額（購買力平価）で国際比較をします。イギリスは１１０３円（25歳以上、２０１７年4月）、ドイツは１２０１円、フランスは１３２６円です。米国の連邦最低賃金は

資料 14　欧米主要国の法定最低賃金（時間額）

（2017 年 1 月）

国名	時間額（ユーロ）	購買力平価（円）
ドイツ	8.84	1,201
アイルランド	9.25	1,257
フランス	9.76	1,326
イギリス	7.5（ポンド）	1,103
米国（連邦最賃）	7.25（ドル）	737
カリフォルニア州	15（ドル）	1,525
コロンビア特別州	11.5（ドル）	1,169
ニューヨーク州	15（ドル）	1,525
日本	848（円）	—

（注）購買力平価は 1 ユーロ=135.89 円、1 ポンド=147.313 円、1 ドル=101.646 円（いずれも OECD、2016 年）。日本は全国加重平均。イギリスは、25 歳以上に適用される最低賃金（2017 年 4 月）。
（出所）Eurofound, “Statutory minimum wages in the EU 2017”、厚生労働省など

欧州主要国の法定最低賃金（月額）

（2017 年 1 月）

国名	月額（ユーロ）	購買力平価（円）
ベルギー	1,531.93	208,174
フランス	1,480.27	201,154
ルクセンブルク	1,998.59	271,588
オランダ	1,551.60	210,847
日本	149,248（円）	—

（注）購買力平価は 1 ユーロ=135.89 円、1 ポンド=147.313 円、1 ドル=101.646 円（いずれも OECD、2016 年）。日本は全国加重平均× 8 時間× 22 日で計算。
（出所）Eurofound, “Statutory minimum wages in the EU 2017”、厚生労働省など

欧州主要国の協約最低賃金（月額）

（2008 年）

国名	月額（ユーロ）	購買力平価（円）
デンマーク	2,140～2,270	323,140～342,770
フィンランド	1,420～1,460	214,420～220,460
スウェーデン	1,440～1,940	217,440～292,940
ノルウェー	2,210～2,520	333,710～380,520

（注）購買力平価は 1 ユーロ=151 円(2008 年、OECD)。
（出所）ILO 資料（2010 年）

７３７円ですが、連邦政府発注の公契約で働く労働者の最低賃金は１０３７円です。州の最低賃金をみるとコロンビア特別州が１１６９円であり、カリフォルニア州とニューヨーク州などでは１５２５円への引き上げがきまっています。

月額で比較すると、ベルギーが20万８１７４円、フランスが20万１１５４円、ルクセンブルクが27万１５８８円、オランダが21万８４７円です。いずれも20万円をこえています。日本は、14万９２４８円（全国加重平均×８時間×22日）です。

この「先進国」で最低の最低賃金がとりわけ女性労働者の生活を苦しめています。わが国では、最低賃金以下の賃金で働かされている労働者のうち、８割が女性です（厚労省「最低賃金の履行確保に係わる一斉監督調査」２００８年）。

5 平均賃金の60％をめざすヨーロッパ

最低賃金が平均賃金にしめる割合をしめしたのが資料15です。ヨーロッパの主要国では50％前後ですが、日本は、わずかに35％です。ヨーロッパでは、「貧困」と「低賃金」が定義づけられているために、最低賃金引き上げ目標が明確になっています。「貧困」は平均的賃金の50％以下の状態、「低賃金」は平均的賃金の60％以下の状態であると定義しています。ですから、当面50％に、さらに60％にという目標が明確にかかげられています。

最低賃金の表示方式も重要です。資料16をごらんください。ヨーロッパ諸国では、月や週、日を単位にきめる国が大勢をしめています。時間額のみの表示は、フランスとイギリス、アイルランド、日本、米国のみです。

資料 15　最低賃金は平均賃金の何割？

OECD 加盟国（2015 年）

国　名	平均賃金にたいする割合（％）
ニュージーランド	52
フランス	50
スロベニア	49
ルクセンブルク	45
オーストラリア	44
イスラエル	43
ベルギー	42
英国	41
ポルトガル	41
ラトビア	41
ポーランド	41
カナダ	40
トルコ	40
ハンガリー	40
リトアニア	40
ルーマニア	39
オランダ	38
韓国	38
アイルランド	37
スロバキア	37
エストニア	35
日本	35
チェコ	33
ギリシャ	32
スペイン	31
メキシコ	29
米国	25

（出所）OECD データベース

資料 16　日米欧の最低賃金の表示方式

国　名	表示方式
ブルガリア	月／時間
ルーマニア	月
ラトビア	月／時間
リトアニア	月／時間
スロバキア	月／時間
エストニア	月／時間
ポーランド	月
ハンガリー	月
チェコ	月／時間
ポルトガル	月
スロベニア	月
マルタ	週
スペイン	月／日
ギリシャ	月／日
フランス	時間
ベルギー	月
オランダ	月
イギリス	時間
アイルランド	時間
ルクセンブルク	月
日本	時間
米国	時間

（出所）EU, “Minimum wages in Europe, Background paper”（2007 年 9 月）

なぜ月額表示が重要かというと、労働者の生活サイクルが月単位になっているために生活できる最低賃金になっているどうかが目にみえるという利点があるからです。さらに、5月のように連休が多い月には、パートのように時間給で働く労働者にとってみれば、働く日数がへり、収入が大きくへることになります。これでは生活がなり立ちません。休みがふえてうれしいはずなのに、逆に収入がへって生活に困るということになります。こうしたへい害をなくすためにも、最低賃金を月単位できめるのは、とても重要な法規制です。

かつて日本でも月額表示が最低賃金法にさだめられていましたが、2007年の法改定後、時間額だけの表示になってしまいました。

また、EU諸国の最低賃金制が、ベルギーとギリシャをのぞいて、公務員にも適用されているのは重要です。すべての労働者に適用するというのが最低賃金制の大切な原則であり、こうしてこそ、すべての労働者の賃金底上げにつながるからです。

6 各国で大幅引き上げがつづく

日本の最低賃金は、2007年の最低賃金法改定後、労働者・労働組合のねばりづよい運動の結果、この7年間で12・7%引き上げられました。しかし、「先進国」で最低水準からの引き上げという点を考慮すれば、きわめて不十分です。

2007年から2017年までの10年間の引き上げ率を国際比較したものを紹介します(国立国会図書館調べ)。最低賃金水準の高いヨーロッパの国々も大幅に引き上げているのがわかります。イギリスは18・9%、フランスは10・2%です。最低賃金水準の低いアジア諸国は、2倍~3倍へと引き上げている国もあります。韓国57・4％、タイ50・5％、フィリピン（非農業）21・5％、中国（深圳市）84・5％、中国（上海市）95・5％、中国（北京市）96・9％、インドネシア200・2％、ベトナム179・9％、ラオス58・2％、カンボジア150・8％です。

10年間引き上げてこなかった米国も、2007年7月に5・15ドルから5・85ドルへと13・6％引き上げました。2008年には6・55ドル（12％）、2009年には7・25ドル（11％）に引き上げられました。3年間で41％も引き上げられました。これによって賃上げになった労働者は、560万人（全労働者の4％）にものぼります。

7 米国の経営者はなぜ最低賃金の引き上げに賛成するのか

(1) 大企業は反対、中小企業は賛成

最低賃金の引き上げをめぐって、大企業は反対、中小企業は賛成という構図が鮮明になっています。大企業は、小規模企業が競争に勝てなくなるとの口実で、最低賃金引き上げに反対してきました。「もし最低賃金が引き上げられるなら、小規模企業は競争できなくなる。労働者をレイオフせざるをえなくなり、新規採用もしなくなるだろう」というのが大企業の口実です。

ところが、中小企業を倒産に追いこんでいるのは、じつはウォルマートなどの大企業です。たとえば、ウォルマートの進出によって、アイオワ州では、1983年から1993年の10年間に、555の八百屋、298の金物店、293の建築資材店、292の洋服店、161の雑貨店、151の靴屋、116の薬局が閉店に追いこまれました。

こうした大企業の横暴にたいして、米国小企業同盟は、「公正な賃金はビジネスにもよい」（2004

年）と反論し、ある中小企業の社長は「もっとも重要な財産は、私の従業員です」と主張しています。全米1000人もの経営者が最低賃金引き上げを支持する声明に署名しています（2007年）。その先頭にたっているのがコストコ社（倉庫型小売店舗のトップ企業、時給で働く従業員の平均時給は21ドル）の最高経営責任者（CEO）です。

声明は、「最低賃金の引き上げは、労働者にとってだけでなく、ビジネスと経済にとっても利益となる」といいきっています。その理由として、「賃金の引き上げは、消費者の購買力を高め、労働者の移動をへらし（低賃金の場合、より高い賃金をもとめて労働者は移動するが、収入が安定すれば定着する――著者）、生産性を高め、製品の品質を高め、消費者の満足度を高め、会社の評判を高め、したがってビジネスにも利益となる」と書いています。地域に密着する中小企業にとって、賃金引き上げにつながる最低賃金の引き上げは、労働者を地域に定着させ、地域の消費購買力を高めるという好循環をつくりだすため、最低賃金の引き上げに賛成しているのです。

全米首長会議も2005年に、「最低賃金で働いていても、労働者とその家族を支えることができるように」最低賃金の引き上げをよびかける決議を採択しました。2014年にも同様の決議を採択しています。

こうして、1997年から10年間も最低賃金を引き上げてこなかった米国でも、41％もの大幅引き上げが実現したのです。

(2) 中小企業が最賃引き上げに賛成する理由

最近の小企業経営者におこなった電話アンケート調査結果（2014年7月発表）によっても、最低賃金引き上げを支持する姿勢があきらかです。「連邦最低賃金を7・25ドルから漸進的に10・1ドルへ引き上げることに賛成ですか、反対ですか」との問いに、61％が賛成、反対は35％です。「最低賃金を引き上げると消費者の購買力が高まると思いますか」との問いに、「そう思う」と答えた経営者が58％、「そう思わない」と答えた経営者は35％です。「最低賃金引き上げは経済を助けると思うか」との問いに、「そう思う」が56％、「そう思わない」が38％です。

では、なぜ中小企業が最低賃金引き上げを支持するのか。３つの理由があると考えます。

一つは、中小企業経営者の声明（先述）があきらかにしているように、ビジネスにとってプラスになると判断しているからです。

二つは、連邦最低賃金が全国一律になっているからです。全国どこでも同じ最低賃金が適用されるため、公正競争が担保されます。最低賃金の高い地域から低い地域に仕事がうばわれるといった事態を防止できます。この経験から引きだされるのは、最低賃金の金額の引き上げを要求するだけでは中小企業や中小業者と共同できないということ、全国一律最低賃金制の確立という制度要求を同時にかかげないことには共同できない、という教訓です。

三つは、中小企業への政府の支援が手あついからです。米国では、中小企業にたいして、最低賃金引き上げのための支援として、２００７年から２００９年までの3年間で８８００億円の減税措置がとられました。ちなみに、フランスでは、２００３年から２００５年までの3年間で最低賃金を11・4％引き上げましたが、そのさい中小企業にたいして2兆２８００億円の支援（社会保険料使用者側負担の軽減）をおこなっています。ところが、日本の最低賃金引き上げのための中小企業支援は、２０１１年から２０１４年までの4年間で、わずかに１４９億円です。しかも最賃額の引き上げにたいする助成は、生産性の向上（人工知能・ＡＩ機器の導入や、ポスシステム化など）が支給条件になっています。

8 なぜ日本の最低賃金は低いのか

(1) 企業の支払い能力を明記

なぜ日本の最低賃金はこのように低いのでしょうか。理由は、最低賃金の決定基準に欠かんがあるからです。最低賃金法は、最低賃金の決定基準として、①労働者の生計費(生活保護水準との整合性に配慮する)、②労働者の賃金、③事業の賃金支払い能力の3つをかかげています(9条2項)。

本来、労働者の生計費(生活できる賃金)できめるのが最低賃金制の正しいあり方ですから、企業の賃金支払い能力をさだめているのは根本的欠陥であるといっても過言ではありません。日本の最低賃金が低い最大の原因がここにあります。

(2) 最低賃金決定の国際基準は

では、最低賃金決定の国際基準はどうなっているのでしょうか。

ＩＬＯ「最低賃金決定制度の創設に関する条約」(26号)は、最低賃金決定の基準をさだめていませんが、この条約と同時に採択された「最低賃金決定制度の適用に関する勧告」(30号)は、「いかなるばあいにも、関係のある労働者が適当な(ディーセントな――著者)生活水準を維持しうるようにすることの必要」と、その基準をさだめています。

また、「開発途上にある国をとくに考慮した最低賃金の決定に関する条約」(131号)は、「労働者およびその家族の必要」と「経済的要素」の2つの基準をさだめています(3条)。なお、131号条約が採択されたのは、とりわけ発展途上国において、最低賃金制が国の経済に無視できない影響をおよぼすようになったからであり、そのために発展途上国を特別に意識して、「経済的要素」を基準の一つにかかげています。なお、ＩＬＯは、「経済的要素」のなかにふくまれると考えられる「支払い能力」というのは本質的に「あいまいな概念」だと判断しています。

また、「社会政策の基本的な目的および基準に関する条約」（１１７号）は、「最低生活水準を決定するにあたって、食料およびその栄養価、住居、被服、医療ならびに教育等労働者の家庭生活に不可欠な需要について考慮しなければならない」（5条2項）とさだめています。

このように、最低生活の水準は、「生計費」あるいは「労働者とその家族の必要」、「労働者の家庭生活に不可欠な需要」にもとづいてきめるというのが国際基準です。

では、世界の実態はどうなっているでしょうか。

資料17をみてください。世界をみると、85ヵ国が「労働者とその家族の必要」あるいは「生計費」を最低賃金の決定基準にしています。日本のように企業の「賃金支払い能力」をさだめている国は、わずかに15ヵ国。「先進国」には、このような国は存在しません。

ところで、「労働者とその家族の必要」という基準は、今日ますます重要になっています。なぜなら、シングル・マザーやシングル・ファーザーという一人親家庭がふえているからです。母親が身を粉にしてけんめいに働いて、子どもたちを育てています。労働者本人だけでなくその家族もふくめて生活できる最低賃金にすることが大切になっています。「ワーキングプア」（働く貧困層）が社会問題になったのは２００2年でした。あれから15年が経過して、貧困の連鎖が社会問題になっています。非正規労働者の家庭の子どもが低学歴からぬけだせず、非正規・低賃金労働者になるという状況をくり返さないためにも、最低賃金の抜本的引き上げが必要です。

国　名	賃金水準	社会保障給付	労働者とその家族の必要	インフレ率と／又は生計費	雇用水準	経済状況と／又は経済発展	生産性	企業の支払能力	基準なし
ハイチ				○					
ホンジュラス			○	○	○	○	○	○	
メキシコ	○			○	○	○		○	
ニカラグア			○			○			
パナマ				○	○	○			
パラグアイ	○		○	○			○		
ペルー			○			○			
トリニダード・トバゴ	○	○		○	○	○	○		
米国									○
ウルグアイ									○
ベネズエラ				○		○			
アラブ諸国									
レバノン			○	○					
シリア			○	○	○				
ヨーロッパ									
アルバニア		○	○	○	○	○	○		
オーストリア									○
ベルギー				○					
ブルガリア	○	○	○	○	○	○	○		
キプロス	○3								
チェコ				○					
エストニア	○4			○	○		○		
フィンランド				○	○	○			
フランス	○		○	○		○			
ドイツ									○
ギリシャ									団体交渉
ハンガリー	○	○	○	○	○	○	○		
アイスランド									○
アイルランド	○			○	○	○			
イスラエル	○（平均賃金の 47.5%）			○					
イタリア				○					
ラトビア	○5								
リトアニア	○		○	○	○	○	○	○	
ルクセンブルク	○			○		○			
マケドニア	○								
マルタ				○					
オランダ	○	○			○				
ポーランド	○			○	○	○	○		
ポルトガル			○	○		○	○		
ルーマニア									○
ロシア連邦				○					
スロバキア	○	○		○					
スロベニア									○
スペイン	○				○	○	○		
スイス									団体交渉
トルコ			○			○			
イギリス						○			
98	32	13	29	56	24	46	24	15	23
				85					

（注釈）カボベルデ、サウジアラビア、シンガポールには最低賃金制が存在しない。

（注 1）輸出加工区には基準なし。

（注 2）貯蓄できる賃金にしなければならない。

（注 3）2008 年までに、労働者の賃金の中央値の 50%にする。

（注 4）2008 年までに、労働者の賃金の中央値の 41%にする。

（注 5）2010 年までに平均賃金の 50%にする。

（出所）Eyraud and Saget, “The fundamentals of minimum wage fixing”, ILO, 2005

資料 17　世界各国の最低賃金の決定基準

国　名	賃金水準	社会保障給付	労働者とその家族の必要	インフレ率と／又は生計費	雇用水準	経済状況と／又は経済発展	生産性	企業の支払能力	基準なし
アジア									
オーストラリア				○	○		○		
バングラデシュ				○		○			○1
カンボジア	○	○	○	○	○	○	○		
中国	○	○		○	○	○	○		
フィジー									○
インド				○					
インドネシア	○		○	○	○	○		○	
日本	○			○				○	
韓国			○	○			○		
ラオス									○
マレーシア						○			
ネパール						○		○	
ニュージーランド									○
パキスタン				○		○			
パプアニューギニア							○	○	
フィリピン	○		○	○				○	
ソロモン諸島									○
スリランカ				○		○			
タイ	○			○		○	○	○	
ベトナム			○2	○		○			
アフリカ									
アルジェリア				○		○	○		
アンゴラ	○	○			○	○	○	○	
ボツワナ	○	○	○	○	○	○	○		
ブルキナファソ			○			○			
チャド									○
ガボン									○
ガーナ									○
ギニアビサウ	○	○	○	○	○	○	○		
レソト									○
マダガスカル			○	○		○			
モーリシャス	○			○		○	○		
モロッコ				○					
モザンビーク						○	○		
ナミビア	○	○	○	○		○		○	
ナイジェリア									○
サントメプリンシペ									○
セネガル				○		○			
南アフリカ	○			○	○			○	
チュニジア									○
アメリカ									
アルゼンチン				○		○			
バハマ									○
ベリーズ									○
ボリビア									○
ブラジル		○	○	○					
カナダ	○					○			
チリ									○
コロンビア	○			○				○	
コスタリカ				○		○			
キューバ			○			○			
ドミニカ			○			○	○	○	
エクアドル			○	○					
エルサルバドル			○	○		○			
グアテマラ			○	○	○			○	

（3） 最低賃金審議会から全労連を排除

日本の最低賃金が低いもう一つの要因は、中央と地方の最低賃金審議会から全労連の代表を排除するという不公正任命によって労働者の切実な要求と声が十分に反映されていないからです。

全労連に加盟する民間労働組合のほとんどは、中小企業の労働組合であり、最低賃金の影響を直接うける労働者を多数組織しています。当然、審議会の構成メンバーとするべきです。労働省（当時）は1949年に、「委員の選考に当たっては、系統別の組合数、組合員数に比例させる」とする54号通牒をだしており、この点にてらしても、全労連の代表を任命するのは当然です。

日本も批准しているILO「最低賃金決定制度の創設に関する条約」（26号）は、最低賃金の決定にさいして、「関係のある労働者団体および使用者団体」との協議（2条）と、その運用にこれら団体を参与させるようさだめています（3条）。「関係のある労働団体」というのは、最低賃金の影響を直接うける労働者を組織する労働組合のことと解釈できます。また、いくつものILO条約と勧告は、政策決定にあたっては「もっとも代表的な労働団体」との協議をさだめています。この「もっとも代表的な労働団体」という規定は、少数組合が代表権をもっていないという意味ではありません。少数組合の組合員を代表する権利が承認されるべきだ、というのがILOの立場です。さらに「最低賃金決定制度の適用に関する勧告」（30号）は、労働者の代表に女性をふくめるようもとめています〔Ⅱ（2）（d）〕。

こうしたILOの基準にてらすなら、当然、全労連代表の任命がおこなわれてしかるべきです。労働審判員制度では、連合、全労連の組織人員に応じて委員の任命が配分されています。中央・地方の労働委員会でも、最近は全労連代表の任命がすすんでいます。

9　ひろがるナショナル・ミニマム

労働者の最低賃金と社会保障の最低給付とを連動させるしくみをナショナル・ミニマム（国民生活の最低限保障）といいます。日本ではなじみのない制度ですが、世界をみると、連動関係の強弱はありますが、ナショナル・ミニマムを実現している国が4割以上にものぼります資料18。

なぜナショナル・ミニマムが大切かというと、働いているときの収入と、病気になったり事故にあったりして働けなくなったときの社会保障給付とのあいだに大きな格差があると、生活がなり立たなく

資料 18　最低賃金は社会保障給付と連動している

（注）○印は、最低賃金と連動している社会保障給付

国	年金	母性給付	失業給付	廃疾給付	その他
アジア・オセアニア					
中国			○		
ラオス		○			
タイ					○
ベトナム					○
アフリカ					
アルジェリア	○	○	○	○	○
ブルキナファソ	○				
チャド	○				
ガボン	○				
マダガスカル	○			○	
モロッコ					○
ナイジェリア	○				
サントメ・プリンシペ	○				
セネガル	○				
チュニジア	○		○		○
北・中南米					
アルゼンチン					○
ボリビア		○			○
ブラジル	○		○	○	○
チリ			○		
コロンビア	○				○
コスタリカ				○	○
ドミニカ	○			○	○
エクアドル	○				○
メキシコ	○	○		○	○
ニカラグア	○			○	
パラグアイ	○			○	○
ペルー				○	○
ウルグアイ	○		○	○	○
中東					
レバノン					○
欧州					
アルバニア					○
ブルガリア				○	○
フランス	○				○
ギリシャ			○	○	○
ハンガリー		○			
ルクセンブルク			○		○
オランダ	○	○	○	○	○
ポーランド		○			○
ポルトガル		○	○	○	○
ルーマニア	○		○	○	○
ロシア連邦		○	○	○	
スロベニア				○	
スペイン			○		○

（出所）Eyraud and Saget, “The fundamentals of minimum wage fixing”（ILO, 2005）

なるからです。

ナショナル・ミニマムを確立するためには、最低賃金を全国一律にすることが条件となります。日本のように都道府県ごとにバラバラにきめているのであれば、基準となる金額がさだまりません。この面でも、全国一律最低賃金制が大切になっています。

もともと賃金と社会保障との連動関係については、ＩＬＯ「社会保障の最低基準に関する条約」（１０２号）がさだめているところです。１０２号条約は、傷病給付や失業給付、年金、母性給付といったさまざまな社会保障給付と従前の賃金との連動関係をさだめています。たとえば、老齢年金は従前の賃金の40％、傷病給付は45％、失業給付は45％、廃疾給付は40％、母性給付は45％などときめられています。

10 最低賃金を引き上げると雇用が失われる？

最低賃金を引き上げると失業者がふえるという新自由主義の議論が存在します。日本共産党の志位和夫委員長が衆議院本会議での代表質問（２００７年1月）と予算委員会での総括質問（同年2月）で、最低賃金の抜本的引き上げをもとめたときにも、安倍首相（第1次安倍政権）は、「中小企業の経営を圧迫し、かえって失業者を増大させる」と答弁しました。

ところが、この考え方が理論的にも実証の面でも完全に破たんしていることが、米国やEU、ＩＬＯの最近の文書からあきらかになっています。

(1) 理論でも実証でも完全に破たん

ＯＥＣＤはこれまで、最低賃金の引き上げが雇用に否定的影響をあたえるとする報告書を発表してきました。こうした新自由主義の議論は、主として米国の経済学者によってもちこまれたものです。80年代までは、米国経済学者による研究のほとんどが「最低賃金の引き上げは、若者の失業率の増大をもたらした」と結論づけていました。ところが、こうした主張を支持する経済学者が全米の経済学教授にしめる割合は、１９９０年に63％、２０００年には43％へと減少していきました。この種の議論に固執する学者は、米国の経済学の主流派には存在しないといわれる状況にまでなっています。このことを象徴的にしめしたのが、米大統領経済諮問委員会の年次教書でした。１９９９年に、同委員会から米大統領に提出された年次教書は、「最低賃金の適度の引き上げが雇用にほとんど影響をあたえなかったか、まったくあたえていないことが実証されている」と判断したのでした。また、全米各地の経済報告書も、「高い最低賃金が雇用に否定的影響をおよぼすといった議論は、実証されていない」と結論づけています。

近年米国では、大統領選挙のたびに、最低賃金の引き上げが政治的争点になっています。２０１６年の大統領選挙では、民主党の予備選挙で、「最低賃金15ドル（約１５００円）」をかかげたバーニー・サンダース候補が、若者を中心に国民的支持をひろげました。

ヨーロッパでも、最近の研究の圧倒的多数は、最低賃金と雇用悪化とのあいだには直接的な関連はない、と判断しています。

ＯＥＣＤの報告書を実証的に分析したＩＬＯは、「雇用への影響は、ゼロかわずかである。ときには好影響をあたえている」と判断しています。さらに、「最低賃金を引き上げると失業者がふえるという議論は、最低賃金を固定化する（引き上げない）ための口実として利用されうる」と警告しています。

近年、最低賃金の引き上げによって、失業率が下がり、雇用がふえるという事例がうまれています。米国では、2012年に州の最低賃金を引き上げた10州で、3年後の2015年11月の失業率が下がっています。たとえば、引き上げ率がもっとも大きかった北東部ロードアイランド州（3年間で7・4ドルから9ドルへと22％引き上げ）では、失業率が9・9％から5・2％へと大幅に下がりました（しんぶん赤旗、2016年1月18日）。

ドイツでは、2015年1月に、法定の全国一律最低賃金制が施行されました。ドイツ労働総同盟（DGB）の調査によると、施行1年後に、68万8000人の正規雇用がふえています（しんぶん赤旗、2016年1月19日）。このドイツの経験は、「6万人の雇用が失われたが45万件以上の新規雇用が創造されたというデータもある」「最低賃金制度の導入は企業の負担を高め、雇用消失につながるのではないかと心配する声もあったが、結果的に所得向上による消費拡大の方向に働いた」「労働力に投資するという発想は長期的スパンでは有効であると考える」（『日経ビジネス』2016年9月27日号）とも指摘されています。

（2）路線転換したOECD

新自由主義の議論が完全に破たんするなか、OECDは、2006年になってその路線を180度転換しました。OECDの「雇用アウトルック2006年」は、最低賃金を引き上げたことによって失業者が増大したという証拠は「不明瞭だ」と断定するにいたりました。

さきに紹介した米国経営者声明も、「前回、連邦最低賃金が引き上げられたのは1996年と97年だったが、その後、失業率が下がり、インフレも下がり、力づよい成長を実現し、貧困率が下がった」との結論をくだしています。実際、最低賃金の引き上げは企業のコスト増につながらないばかりか、正規雇用の増大をもたらしていることが実証されています。

（3）転機となったイギリスの全国最低賃金制の成功

新自由主義的議論に転換をもたらすうえで大きな役割をはたしたのが、イギリスの全国最低賃金制の導入とその成功でした。新自由主義路線をとるイギリスが１９９９年に、全国最低賃金制を導入し、それが低賃金労働者を大きくへらし、さらには経済と雇用にも良好な結果をもたらしている事実が、国際的に大きな影響をあたえました。新自由主義的議論の転換にとどまらず、最低賃金制が低賃金労働をへらすという議論を実証しています。

イギリス政府の低賃金委員会は毎年、最低賃金制の実施状況についての報告書を発表しています。毎年のように、「マクロ的なデータから判断するかぎり、最低賃金制の導入によって、雇用に悪影響をあたえたという結果はみられない」と分析しています。２００７年報告書も、「全国最低賃金制が導入されて以降、最低賃金が雇用に否定的影響をあたえたことを実証するものはない」との結論をまとめています。こうした成功をふまえ、イギリスの経済団体も２００７年、最低賃金の引き上げを「歓迎する」との声明を発表したのでした。

第6章　「官製ワーキングプア」をなくす…公契約法・条例

公契約法・条例の制定をもとめる世論と運動が前進している背景に、「官製ワーキングプア」とよばれる深刻な事態のひろがりがあります。１９９０年代にひろまった新自由主義経済政策の特徴は、「企業活動の障害となる」とされる各種規制の緩和・撤廃と、公的サービスの民営化でした。公務職場にコスト論がもちこまれ、病院や保育園、図書館など公務の仕事が外部委託され、受注は一般競争入札になりました。受注企業（民間）は、コスト競争に勝つために、主力労働者の非正規化・低賃金で対応しました。こうして、公務職場に働く非正規労働者も、公共工事・公的サービスを受注した企業で働く労働者も低賃金に苦しみ、住民の税金をつかった事業が「働く貧困層（ワーキングプア）」を大量にうみだすという異常な事態が生じています。公契約の事業で働く労働者は、１０００万人にも達するといわれています。

1　公契約法・条例の国際基準

公契約に人間らしい労働条件を保障するための国際基準が存在します。ＩＬＯの「公契約における労働条項に関する条約」（94号）と同勧告（84号）です。

94号条約が立脚する考え方が重要です。公契約とは、公的な資金つまり住民の税金をつかっておこなう事業にかかわる契約です。したがって、発注者である公的機関は、この事業で「ワーキングプア」をつくってはならないし、労働者を雇用する公的機関は、雇用主（使用者）の模範にならなければならないという考え方です。さらに、受注する民間企業も住民の税金をつかった事業で利益をあげるわけであり、労働者の賃金を買いたたいて「ワーキングプア」をつくってはならない、と要請されています。

94号条約の特徴は、つぎのとおりです**資料19**。

①同じ地域（行政区）で、関係のある産業・職業で、同じ労働をしている者の賃金におとらない有利な賃金（手当てをふくむ）を保障する。労働条項とよばれています。

②健康と安全、福利の条件を確保する十分な措置をこうじる。

③通常の労働時間、割増賃金、休日、疾病休暇について規定しなければならない。

④労働条項のじゅん守を担保するために、賃金・労働時間の適切な記録・保存、十分な監督体制を維持する。

⑤労働条項をじゅん守しないばあいは、制裁措置をとる。

⑥下請事業者や契約の受託者（指定代理人）がおこなう事業にも適用する。

⑦公契約で働く労働者に均等待遇を保障する。

重層下請のもとで最終的にだれが労働者に責任をおうのかという問題が世界にひろがるなか、下請労働者をふくめすべての労働者の権利と保護に責任をおうのは発注元企業であるという考え方が、国際的にますます多数の支持をあつめています。この面からも、ＩＬＯ公契約条約の今日的意義が強調されています。

資料 19　ILO 公契約条約（94 号）・勧告（84 号）の内容

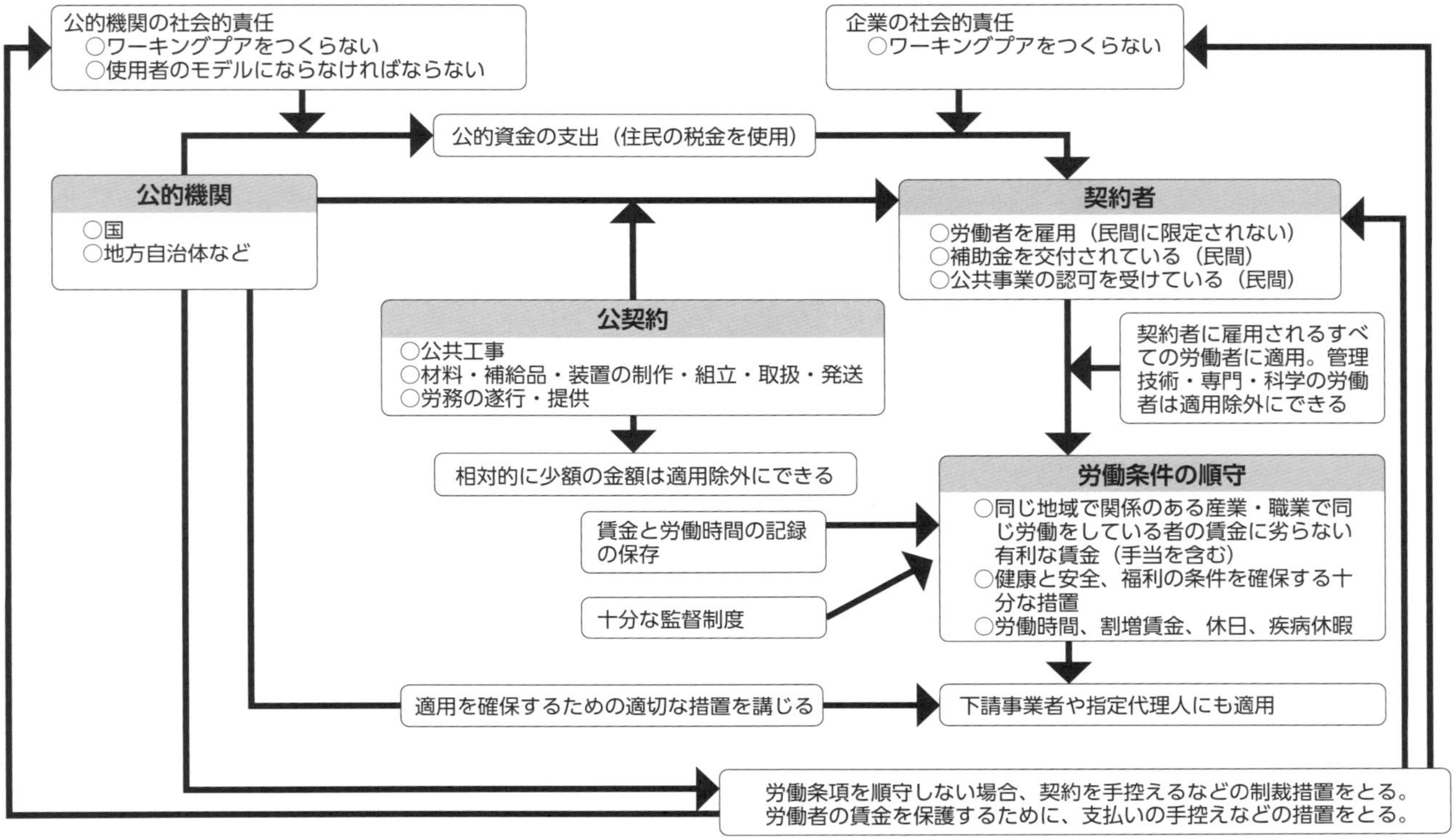

公的機関の社会的責任
○ワーキングプアをつくらない
○使用者のモデルにならなければならない
企業の社会的責任
○ワーキングプアをつくらない
公的資金の支出（住民の税金を使用）
公的機関
○国
○地方自治体など
契約者
○労働者を雇用（民間に限定されない）
○補助金を交付されている（民間）
○公共事業の認可を受けている（民間）
公契約
○公共工事
○材料・補給品・装置の制作・組立・取扱・発送
○労務の遂行・提供
契約者に雇用されるすべての労働者に適用。管理技術・専門・科学の労働者は適用除外にできる
相対的に少額の金額は適用除外にできる
労働条件の順守
○同じ地域で関係のある産業・職業で同じ労働をしている者の賃金に劣らない有利な賃金（手当を含む）
○健康と安全、福利の条件を確保する十分な措置
○労働時間、割増賃金、休日、疾病休暇
賃金と労働時間の記録の保存
十分な監督制度
適用を確保するための適切な措置を講じる
下請事業者や指定代理人にも適用
労働条項を順守しない場合、契約を手控えるなどの制裁措置をとる。
労働者の賃金を保護するために、支払いの手控えなどの措置をとる。

（出所）著者作成

ＩＬＯは、２００８年の総会に、公契約にかんする一般調査報告書『公契約における労働条項――調達に関する政策と実践に社会的側面を統合する』を提出し、公契約の法的規制の重要性をあらためて確認しました。

報告書は、「グローバル化の影響が加盟国におしよせ、競争力の圧力がつよまっている今日、94号条約の目的がますます重要になっている」と指摘しています。さらに、同総会に出席した労働者側代表と政府代表の圧倒的多数が94号条約と84号勧告の重要性を強調しました。

なお、94号条約が採択されたのは68年前の１９４９年であり、今日のＰＰＰ（「官民連携」＝民間委託の手法の一つ）のような手法は存在しませんでした。したがって、こうした新しい手法に対応できるように補強作業がすすめられています。新しい手法による労働者の権利侵害をゆるさず、労働者保護をはかろうとする努力がはじまっています。

94号条約を批准している国は、63ヵ国（２０１７年現在）。加盟１８７ヵ国のうち3分の1が批准しています。日本は、未批准です。批准しない理由は、「賃金などの労働条件は労使できめられている。これに国が介入するのは適切ではない」という理由からです。しかし、94号条約は、こうした考え方を否定して、公契約で働く労働者に人間らしい労働条件を確保するために国が責任をはたさなければならないという立場に立って採択されたものです。この考え方が国際的にひろく承認されています。日本政府はこの立場に立って批准すべきです。

2 世界の労働組合も重視

公契約に労働条項をもりこむとりくみは、日本の労働組合だけでなく、世界の労働組合も重視しています。国際建設林業労連（BWI）の「国際枠組み協約」のとりくみがその一例です。

「国際枠組み協約」というのは、国際産業別労働組合が多国籍企業とのあいだでむすぶ労働協約です。この労働協約のなかにILOの基本的8条約をもりこみ、そのじゅん守を企業にもとめていこうとする運動が前進しています。全世界で282の協約（欧州規模の協約をふくむ）が締結されています。協約はサプライヤー（取引・下請企業）にも適用されますから、実際の適用労働者数は相当な規模になると思われます。

国際建設林業労連は、この8条約にくわえて、94号条約をもりこむよう交渉し、イケア（スウェーデンの家具メーカー）をはじめイタリア、オランダ、ドイツ、フランスなどの14の建設会社等と締結しています。イケアの協約は、同社の雇用者8万4000人だけでなく、取引・下請企業の労働者にも適用され、推定適用人数は100万人に達します。このように、国際的な労働組合運動の分野でも94号条約を活用するとりくみがすすんでいます。

3 EUの新しい動向

(1) とりくみのおくれたヨーロッパ

ヨーロッパで最初に公的調達にかんする指令がつくられたのは1971年で、その後、指令は適用範囲を拡大し、修正されていきました。

もともとヨーロッパの「公的調達指令」は、労働者保護を目的として策定されたものではありませんでした。ヨーロッパでは、すべての労働者に労働法が適用されているため、公契約という特定の分野で特別の保護をはかる必要性がほとんど認識されてきませんでした。ILOは、こうしたEU諸国の態度について、「公契約で働く労働者にも労働法が適用されているということだけでは、労働条項挿入によってもたらされる条約の法的効果は期待できない」（２００８年一般調査報告書）と指摘し、批判してきました。

ＩＬＯが批判するなか、公的調達にかんするすべての契約に労働基準をさだめた「社会条項」をもりこむ運動がヨーロッパではじまったのは、ようやく90年代後半からです。欧州公務労組（ＥＰＳＵ）を中心とする労働組合の運動が影響をあたえ、２００４年になって、これまでの「公的調達指令」が全面的に改定され、新しいＥＵ「公的調達指令」が採択されました。

（２）ＥＵ「公的調達指令」の特徴

この「公的調達指令」は、ＥＵ域内の公的調達についての差別的とりあつかいを排除することを主たる目的としており、いぜんとして労働者保護を直接の目的とするものではありません。この点について、さきに紹介したＩＬＯ公契約条約に関する一般調査報告書（２００８年）は、「新しいＥＵ指令は、94号条約とはことなり、雇用保護と労働条件の具体的水準を明記していない」、「新しいＥＵ指令を国内法化する過程は、94号条約の原則からいつ脱する方向になっているかもしれない」と懸念を表明していました。

しかし、ＥＵ「公的調達指令」は、公共工事と公的サービスの外部発注にあたって、雇用問題を考慮することをもとめています。指令前文は、契約条件のなかに雇用や職業訓練などの「社会的要素」をみとめるとともに、障害者施設にたいし委託サービスの一定枠を確保することなどもさだめています。ＩＬＯはその後、これらの点を評価し、「当委員会（条約勧告適用専門家委員会）は、94号条約の要件と、ＥＵ公的調達指令の原則とのあいだには矛盾はないと考える」（同報告書）と判断するようになりました。

このように、EU指令は、労働者保護を直接の目的としたものではないものの、労働者保護の側面を一定強化しました。このEU指令は、2014年にさらに改定され、その前文に「環境と社会・労働法の分野における義務のじゅん守」を明記し、ILOの基本的な8条約を具体的に例示しています。

(3)「社会的責任のある調達」へ

EUではもう一つの動きがうまれています。2009年4月に、「社会的購買：公的調達に社会的要素を考慮するためのガイド」(案)を発表し、「社会的責任のある調達」という考え方を提起しました。その内容は、①若者や女性、障害者、長期失業者、高齢者などの雇用促進といった雇用機会の促進、②ILO基本的8条約の尊重、人間らしい生活のできる賃金、職業上の安全・衛生、社会対話、職業訓練、社会保護、ジェンダー平等(両性の平等)など「ディーセント・ワーク(人間らしい労働)」の促進、③中小企業の促進、④公正取引への考慮、⑤企業の社会的責任(CSR)の探求などです。

しかし、欧州公務労組(EPSU)をはじめとする欧州の労働組合は、このガイド(案)でもまだ不十分であり、ILO条約の水準を実現するよう活動を強化しています。

(4)「生活できる賃金」という積極的な考え方

イギリスと米国では、公契約における公正賃金を「リビング・ウェイジ(生活できる賃金)」とよんでいます。

イギリスでは、公的事業の民間委託先で働く労働者がもっとも不安定な雇用になっています。週44時間働いても、基本的な必要がみたされないような低賃金になっています。新自由主義路線をおしすすめたサッチャー政権がＩＬＯ９４号条約の廃棄通告（１９８２年）をおこない、「公正賃金決定」法を廃止した結果、数万人もの地方公務員が民間企業に移籍させられ、低賃金での労働を強いられてきました。

労働組合は、こうした非正規・不安定雇用労働者の保護をもとめて、積極的に活動してきました。「リビング・ウェイジ」運動では、公務労組（ＵＮＩＳＯＮ）がもっとも熱心にとりくんでいます。世界でもっともはやくからパート労働者の保護にとりくんできた公務労組は、「雇用主がだれであるかにかかわらず、公的サービスを提供するスタッフの賃金と労働条件、年金をまもるような公正賃金規制を公契約のなかに実現したい」と表明しています。

同時に、イギリスでは、この運動は、低賃金競争の防止だけでなく、民営化へのインセンティブ（刺激）をとりのぞく運動とも位置づけられています。委託事業で働く労働者に公務員と同じ賃金を保障すれば、民営化する「メリット」がなくなるからです。

（５）大ロンドン市の「リビング・ウェイジ」の特徴

２００５年に、大ロンドン市（ロンドン市とこれを囲む32のロンドン自治区から成る首都圏）でイギリス初の「リビング・ウェイジ」が導入され、実施されています。ロンドン市庁舎の清掃とケータリング（配膳）、トラファルガー広場でのカフェ、民間企業のビル清掃などに働く18歳以上の労働者に適用されています。２０１７年の金額は９・75ポンド（１４３７円）で、法定最低賃金より30％程度高い賃金になっています。

大ロンドン市の「リビング・ウェイジ」の特徴は、条例によらずに、大ロンドン市の公的調達政策として実施されている点にあります。「リビング・ウェイジ」実施の法的根拠は、①公契約で働く労働者の雇用条件を自治体がとりあげることを可能にする方向で地方自治法が改正されたこと、②「労働問題に関する行動規範」が、公契約の事業に新たにスタッフを採用するばあい、公的機関から移籍されたスタッフの雇用条件を下回らない公平で合理的な雇用条件を提示するよう義務づけていること、③ＥＵ「公的調達指令」前文が、契約条件のなかに雇用や職業訓練などの「社会的要素」をとりいれるのをみとめていること、などにもとめています。

さらに、ロンドン地下鉄は、職員の制服の調達先企業にたいし、「リビング・ウェイジ」だけでなく、団結権・団体交渉権の保障、長時間労働になっていないこと、差別がないこと、正規雇用を提供していることなどをもとめています。

(6)「リビング・ウェイジ」適用拡大のとりくみ

大ロンドン市の「リビング・ウェイジ」の適用は、公契約を中心にしながらも、これに限定されていません。それは、イギリスの労働組合が大ロンドン市に働くすべての労働者に「リビング・ウェイジ」を拡張適用するとりくみをつよめてきた結果です。大ロンドン市を所在地とする民間企業と民間企業とのあいだの業務委託契約にも「リビング・ウェイジ」の金額を適用する動きがうまれています。たとえば、シティ・グループやバークレイ銀行、ドイツ銀行、モルガン・スタンレー、クレディ・スイスなどは、清掃業務の委託労働者に大ロンドン市の「リビング・ウェイジ」を適用しています。

4 アメリカの公契約条例制定運動

米国には、公契約にかんして、公共工事に適用される「一般賃金法（デービス・ベーコン法）」と、その他の公的サービスに適用される「公契約法（ウォルシュ・ヒーリー法）」が存在します。「一般賃金法」のばあい、連邦政府の財政支出をともなう公共工事に従事する労働者にたいして、その工事が予定されている地域において一般的に支払われている賃金を支払うよう使用者に義務づけています。

２つの法律が連邦政府の委託による公的事業に限定しているため、地方自治体を対象に公契約条例制定をもとめる「リビング・ウェイジ」運動がはじまりました。80年代後半に最初の条例が制定され、その後、公的サービスの民営化など新自由主義路線による攻撃がつよまるもとで、新しい「リビング・ウェイジ」運動がはじまりました。１９９４年のボルチモア市での条例制定からはじまった新しい「リビング・ウェイジ」運動は、１４０の自治体（大学をふくむ）で公契約条例の制定をかちとり、さらに１２０の自治体で制定運動が進行しています。条例を制定している自治体では、７・25ドル（時間額）の連邦最低賃金を大きく上回り、14ドル台の賃金を実現しているところもあります。

当初、条例の適用範囲はせまく、自治体に雇用されている職員と、自治体と契約をむすぶ企業にだけ適用されていました。その後、自治体と契約をむすぶ企業だけでなく、自治体から財政支援、つまり減税や助成金を受けとっている企業にも適用を拡大しています。

(1) 草の根の運動が特徴

この運動は当初、生計費の計算に力をいれていました。その後、条例制定運動に力点をうつしてきました。特徴は、草の根の運動になっている点です。活動家が一軒一軒戸別訪問して、支持をひろげています。経済界の反対が予想されるので、条例制定のために社会連合をつくって運動しています。最低賃金引き上げの長いたたかいの歴史をもつ米国の労働組合は、組織化とむすびつけて、地域の市民団体や宗教団体と共同して、条例制定運動に積極的にとりくんでいます。また、キリスト教団体が、最低賃金の引き上げなど労働者のたたかいを積極的に支援しています。

(2) 経営者も好意的にうけとめている

条例を制定した自治体では、経営者も全体として好意的にうけとめています。理由は、条例によってすべての契約企業に公正な競争の場が提供されているからです。

たとえば、マイアミ・デイド郡のばあい、郡に働く職員、郡の公的サービスを受託する企業、公立病院、マイアミ空港での公的サービスに適用されています。あるビルメン会社の社長は、条例制定による効果として、「労働者が定着するようになった。欠勤が大幅にへった。労働者が努力するようになった。モラルが高まった」と発言しています。大きな警備会社の副社長は「労働者の会社にたいする忠誠心が高まった」と答えています。さらに、60%の受託企業が「サービスの質が向上した」と回答しています。

「条例は100点満点で65点だ」としぶい評価をする経営者でも、公正な競争を担保するために、「なんらかの賃金基準が必要だ」と答えています。

条例制定で高くなった賃金にたいして、企業は、応札価格を20%~30%引き上げたり、利益を5%~40%へらして対応しています。マイアミ・デイド郡の財政支出も思ったほど上昇していないとも報告されています。

日本では、2009年9月に千葉県野田市が公契約条例を制定したのを機に全国にひろがりました。賃金下限規制がある条例は18自治体、入札要綱による適正化は13自治体、賃金下限規制がない理念条例も16自治体にひろがっています（2016年10月現在、計47自治体。『2017年国民春闘白書』より）。

第7章　公務労働の国際基準とはなにか

かつて自民党の小泉純一郎元首相は、「民間にまかせられるものは民間に」という新自由主義的考えに立ち、郵政民営化をはじめ、多くの公的サービスの民間委託を強行しました。「民間が担うことができるものは民間にゆだねる」（1条）と明記した「公共サービス改革法」（2006年）のもとで「公的サービスの民間開放」が強引におしすすめられています。これがわが国の現状です。

ところが、国際社会に目を転じると、この分野ではまったくことなる考え方が主流をしめていることがあきらかになります。ILO（国際労働機関）は、「公的サービスの価値」をあらためて確認し、その実現のためにも、サービスを提供する職員に人間らしい労働を保障しなければならないと指摘しています。公的サービルの質と効率性は、ディーセント・ワーク（人間らしい労働）と密接に結びついているというのがILOの主張の基本です。

EU（ヨーロッパ連合）も同様の見地に立ち、さらに労働組合が公的サービスの質の確保のために積極的にたたかっている結果、公的サービスの「民間開放」は部分的な範囲にとどまっています。公的サービスは公的機関が直接雇用する正規職員によってになわれるものであるという考え方が、ひろく国民に支持されています。

本章では、こうした国際的な基準と経験を紹介し、「民間にまかせられるものは民間に」という考え方のもとに強行されるわが国の民間委託が国際的に異常なものである点をあきらかにします。

1 「公務は正規職員で」が国際基準

ＩＬＯははやくから、公務は恒常的な業務であり、その遂行は正規職員がおこなうべきであるとの立場をとってきました。このことを２つの会議の結論から確認します（いずれも中山和久『公務員の労働基本権』（労働旬報社、１９７２年）から引用）。

（1）専門家会議（1963年）の結論

「公務員の労働条件および勤務条件にかんする専門家会議」（１９６３年）は、つぎのような結論をまとめました（傍線は著者）。

（ａ）恒常的な職務を遂行することを要求される職員は、できるかぎり、正規のそれとして採用されなければならない。

（ｂ）臨時職員にたいして、合理的な期間内に、正規職員となる機会をあたえなければならない。

（ｃ）臨時職員が正規職員とされたばあい、その臨時雇用の期間は、できるかぎり、とくに彼らおよびその家族が資格をあたえられる年金権についての計算期間に、算入されなければならない。

（ｄ）非正規職員と正規職員とのあいだの法的な身分の差は、報酬や、全体としての勤務条件にかんしての差別の理由とされてはならない。

(2) 合同委員会(1971年)の結論

また、「公的サービスにかんする合同委員会」(1971年)への報告は、臨時職員にかかわってつぎのような結論をまとめています(傍線は著者)。

39項 (…)最後に、公務員の報酬は、その遂行する労働の質と量とに対応しなければならない。同一価値の労働が遂行されたばあいに、報酬の統一性、平等性を確保し、そのために、賃金のうえでの差別や不平等性の原因を除去するためのたえまない努力がなされるべきである。国と公的機関によって公務員にたいして支払われる報酬の合計は、民間部門における類似のカテゴリーに支払われるものよりも少ないものであってはならない。

104項 委員会の主要な関心事は、臨時または非正規職員の身分にあった。サービスの組織構造と、そのなかでのポストが、正規の作業を真に反映するものでなければならないこと、臨時職員へ依存するのは制限され、十分に限定された、そして明らかに一時的な仕事にたいしてのみおこなわれるべきである。

以上の2つの会議の結論からあきらかなように、恒常的な職務は正規職員がになうべきこと、臨時職員の採用は文字どおり臨時的・一時的職務に限定すること、そして臨時職員と正規職員との均等待遇をはかるとともに、合理的期間内に正規職員化すること——以上がILOの結論です。

(3) 非正規の増大は必要ない

ILOは、2014年4月2~3日、ジュネーブで、政労使三者の参加による「公的サービスにおける団体交渉への挑戦に関するグローバル対話フォーラム」を開催しました。政労使の合意点を抜粋します。

①（…）団体交渉は、社会対話の具体的な形態であり、公務における使用者と労働者の権利・義務を合意書のなかに記述するものである。争点の範囲は、賃金と労働者の安全をふくめて、団体交渉をとおして決定される。

②政府は、良質の公的サービスを提供するために、若者雇用計画をふくめ適切な労働力計画を実施しなければならない。政府は、キャリア向上と労働力開発にとって訓練と再訓練、異動が重要なものであると考えなければならない。これらの措置は、単なる費用ではなく、生産性と就業能力にとっての重要な投資とみなさなければならない。これらの措置はまた、公的サービス労働者にとっての一つの権利であり、個人の発達と専門性の向上が共同の責務であるという事実の全面的な認識に立って、技術と業務再編成が変化するもとで継続した人間らしい雇用の可能性を提供するであろう。

この②の合意点について、「政労使のすべての参加者は、非典型労働契約の増大は必要ないという点で合意した」と説明されています。

（４）公務の非常勤はどうなっているか

わが国では、地方自治体の臨時・非常勤職員は、政府調査でも約60万人に達しています（総務省「臨時・非常勤職員に関する調査結果」２０１3年3月）。

これにたいし、ヨーロッパでは、公務職場をになっているのは正規職員です。パートタイム（短時間）の職員は存在しますが、臨時職員の採用は、育児休業などの取得で一時的に人員が不足したばあいに限定されています。また、ＥＵでは半年ごとに輪番制で議長国が交代しますので、議長国になったときに増大する業務量に対応するために臨時職員を採用します。したがって、臨時的・一時的業務にきびしく限定される派遣労働を恒常的業務の公務職場に導入するのは、ベルギーとスペインでは禁止されています。フランスは禁止していませんが、派遣労働者は公務職場には存在しないといわれています。さらにフランスやイタリアでは、臨時職員（有期労働契約）を団体交渉をつうじて正規職員にしています。

「公務職場は正規職員で」という考え方があたり前になっている現状を公務員賃金の面からみてみます。フランスの国家公務員の賃金は、国家予算の44％をしめています。これにたいして、日本はわずか4・5％です（89年、国公労連調べ）。さらに、ヨーロッパでは、多くの中核的公的サービスが公的部門に直接雇用される正規職員によって提供されています。EU27ヵ国において、公的機関に雇用される労働者は、全雇用者の25％を占めています。フィンランドとスウェーデンでは、41％に達しています。

２０１０年から15年にかけて、公的機関において雇用者をへらしたのは、ギリシャ（45％減）、キプロス（28％減）、オランダ（24％減）。ふやしたのは、ハンガリー（17％増）、英国（18％増）、フランス（21％増）、ルクセンブルク（32％増）、マルタ（34％増）です。

雇用契約でみると、公的機関において無期雇用契約かつフルタイムで働く労働者は、全体の70％です。有期労働者は10％です。また、公的機関におけるパートタイム労働者（無期契約と有期契約の両方）は20％です（欧州議会資料、２０１７年3月）。

2 公的サービスの土台は人間らしい労働条件

ＩＬＯは、公的サービスのあり方について国際会議を開催し、結論をまとめてきました。２００１年の「地方自治体サービスの分権化と民営化の影響にかんする合同会議」がそれです。

この合同会議に提出された報告書は、「公的サービスの分権化（公的サービスの国から地方への移管のこと。しばしば民営化の前提条件になっている――著者）と民営化は、より高い効率性とより高い質を保障するものと考えられている」との民営化推進論を紹介しながら、現実がどうなっているのかを検証しています。

(1)「分権化」と民営化に批判的

これから具体的にみるように、ＩＬＯは、「分権化」と民営化をかなり批判的にとらえています。まず民営化についてです。自治体合併を推進してきたオーストラリア、ニュージーランド、日本においてさまざまな公的サービスが民営化されている実態を紹介しながら、「民営化によって競争が高まる」という主張は「誤解をあたえる」とのべています。理由は、民営化というのは「公共の独占を民間の独占におきかえるだけかもしれない」からであり、民間部門の経営者が公的サービスの運営をになうようになると、「サービスがより商業ベース寄りになることへの広範な危ぐがある」と判断しているからです。

民営化の最重要の構成要素としての民間委託（アウトソーシング）についても、世界の現状をくわしく分析し、「世論が民間委託の進展を支持したがらないようにみえる」と判断しています。

かりに「分権化」するばあいでも、「それはすべての市民に手ごろな値段と質の高い公的サービスを提供するものでなければならない。そのためには、分権化された公的サービスは、全面的な規制のもとにおかれなければならない」との見解をとっています。民営化についても、「価格を引き下げるために質を低下させていないかどうかを監視する」ようもとめています。

合同会議のなかでは、労働者側代表が民営化に反対する態度を明確にし、つぎのように発言しました。「中核的な公的サービスは、本来的に政府が提供すべきものである。つまり公的にになわれるものであり民間にまかせるものではないということである。ＰＦＩ（民間資金の活用）は、公的サービスの質を改善しない。このことをもっとも重要な教訓としなければならない」。

（２）民営化が労働条件を悪化させている

ＩＬＯ報告書は、民間委託・コスト削減によって、公的サービスの質が低下するだけでなく、人員削減と低賃金、労働密度の増大、パートや臨時労働の増大など雇用・労働条件を悪化させている実態を告発しています。

アジア太平洋地域のオーストラリア、フィリピン、ネパール、インドなどでは、民営化によって団結権や労働者保護がほりくずされています。オーストラリアでは、清掃サービスの民間委託によって、仕事量がふえ、事故とストレスが増大し、仕事への満足度がへるという結果をもたらしています。

（３）人間らしい労働と社会対話がカギ

こうしたへい害を告発し、公共の利益のためのサービスは、それを提供するものが公務であろうと民間であろうと、その質を保障し、万人に提供されるユニバーサル・サービスとするために特別の規制がもとめられている、公的サービスを持続可能なものとするためには計画から実施にいたるあらゆる段階で社会対話を徹底することがもとめられている、とＩＬＯは強調しています。なかでも、公的サービスの質がユーザーの満足度とふかくむすびついており、消費者と労働者の利益は合致している、とりわけ医療サービスと公益事業の分野で合致している、とＩＬＯが考えているのは、教訓的です。

こうした結論をまとめる土台には、労働者は公的サービスの提供で重要な貢献をしているのであり、

「分権化」と民営化のなかにあっても労働者を単なるコストとみなしてはならず、財産とみなさなければならならないという考え方があります。使用者が公的機関であろうと民間企業であろうと、公的サービスをになう労働者に人間らしい労働を保障しなければならないのです。

では、どのような人間らしい労働を保障すればよいのでしょうか。ＩＬＯ「地方自治体サービスの分権化と民営化の影響にかんする合同会議」議事録と「公的サービス改革における社会対話の強化のための実践ガイド」（後述）がいくつかのＩＬＯ条約を例示しています。「結社の自由および団結権の保護に関する条約」（87号）、「団結権および団体交渉についての原則の適用に関する条約」（98号）、「企業における労働者代表に与えられる保護および便宜に関する条約」（１３５号）、「公務における団結権の保護および雇用条件の決定のための手続に関する条約」（１５１号）、「団体交渉の促進にかんする条約」（１５４号）、「公契約における労働条項に関する条約」（94号）です。

87号条約は、公務と民間のすべての労働者に労働組合を結成し行動する権利をみとめています。適用除外は、「警察と軍隊」のみです。

98号条約は、公務と民間のすべての労働者に適用され、①反組合的な差別待遇を禁止する、②労働条件を決定する団体交渉を促進する措置をさだめています。適用除外は、「警察と軍隊」と「国の行政にたずさわる職員」です。

１５１号条約は、98号条約で適用除外にされた「国の行政にたずさわる職員」をふくめ「公の機関が雇用するすべての者」を対象にしています。公務員の地位をもっているかどうかにかかわりなく公的機関に雇用されるすべての者に適用されます。適用除外は、「非常に上位のスタッフ」と「高度の機密にたずさわる者」です。公務員を直接の対象にしたはじめての条約で、公務員の団結権にとって基本的な条約と位置づけられているものです。

154号条約は、公務と民間のすべての労働者に適用され、団体交渉の当事者をさらに拡大し、団体交渉の対象事項も拡大しています。「警察と軍隊」を唯一の例外として、すべての労働者の労働条件を団体交渉で決定するとさだめています。

135号条約は、公務と民間のすべての労働者に適用され、労働組合にたいする便宜供与の内容をさだめています。

94号条約は、公共工事や公的サービスを発注する公的機関（国、自治体など）と受注した事業者とのあいだに結ばれる契約（公契約）に、生活できる賃金など人間らしく働くことのできる労働条件をもりこむようさだめています。

3 住民本位の公的サービスの実現に必要なこと

ＩＬＯは、２００１年の合同会議の結論をふまえて、「公的サービス改革における社会対話の強化のための実践ガイド」（２００５年）を作成しました。合同会議の結論とこのガイドに、ＩＬＯが各国政府によびかけている公的サービス改革のあり方が端的にしめされています。

（1）公的サービスの価値とは

まず「公的サービスの価値」とはなにかという問題を確認しています。公的サービスの考え方の原則がここにしめされています。

「公的サービスの価値」とは、公的サービスの高い質と効率性を実現しなければならないがその土台は職員にたいする人間らしい労働・雇用条件の保障にあるという意味です。また、民間部門の価値と原則が導入されるなら、公的サービスの質と効率性が危険にさらされる、と指摘しています。

さらに、公的サービスの計画と実施のすべての段階で、労働者と労働組合、サービス利用者を全面的に参加させるとき、公的サービス改革は効率的で効果的、質の高いサービスの提供という目的を達成できる、と指摘しています。

（2）住民本位の公的サービス改革の目的

住民本位の公的サービスのための改革がもとめられるが、その目的は以下の5つであると指摘しています。

①人間の基礎的要求をみたすために、安全で信頼できる手ごろな値段のサービスをすべての人びとに提供する。
②完全雇用と貧困削減という目的達成のための持続可能な地方経済と社会開発を促進する。
③安全で健康な環境を提供する。
④民主主義を増進・拡大する。
⑤人権を保障する。

（3）住民本位の公的サービス改革をみちびく基本原則

上記の改革をみちびく基本原則として、以下の3点をかかげています。

①自治体の政策と行動における説明責任、透明性、公開性。
②新しくてよりよい公的サービスを提供する。
③公務労働者のモラルを維持し仕事の達成を増進できるような改革とするために、良好な労働条件

を維持し、つくりだすことが重要であり、中核的労働基準（ＩＬＯ８条約）をじゅん守する。
基本原則のなかに、公的サービスをになう職員の労働条件の改善がしっかりと位置づけられている点に注目してください。

（４）社会対話で住民本位の公的サービス改革は実現できる

ＩＬＯは、ディーセント・ワーク（人間らしい労働）を実現する戦略的目的の一つとして社会対話を位置づけ、この社会対話を企業レベルから社会レベルにいたるまであらゆるレベルで実現するようもとめています。公的サービス改革の分野でもこの見地がつらぬかれています。

公的サービス改革が効率的で高い質のサービスを提供するという目的を達成できるのは、計画から実施にいたるあらゆる段階で、労働者・労働組合と消費者を意思決定に全面的に参加させるときだと強調しています。住民本位の公的サービス改革を実現するための社会対話の形態として、①情報の共有、②公開ヒアリング、③直接的協議、④団体交渉を例示しています。

４　民間委託の国際比較

（１）日本／際限のない民間委託

わが国では、自治体サービスの民間委託がすさまじいいきおいですすんでいます。自治体の窓口業務、学校現業、保育園、学童保育、福祉施設、社会教育施設（図書館や体育館など）、地域集会施設など際限がありません（官製ワーキングプア研究会編『なくそう！官製ワーキングプア』日本評論社、２０１０年）。大阪府では、自動車税の徴収業務まで民間委託され、さらに一般税の徴収にまで拡大されようとしています。自治体サービスだけでなく、企業や土地の登記事務をとりあつかう法務省の窓口業務まで民間委託され、請負事業者が毎年替わることによって労働者の雇用が失われるという深刻な事態がおきています。

委託先の民間企業に働く労働者は、１０００万人にも達するといわれ、これらの労働者がきわめて低い賃金と劣悪な労働条件のもとにおかれています。

（２）ヨーロッパ／公的サービスは公的機関がになう

これにたいし、ヨーロッパでは、公的サービスというのは公的機関に直接雇用される正規職員がになうものだという世論が形成されています。フランスでは、国民の多数が公的機関が提供する公的サービスを支持しています。これがヨーロッパに共通する特徴です。

米国やイギリス、オーストラリアといった新自由主義国家では民間委託がすすんでいますが、スウェーデンでは、ごく一部にとどまっています。ドイツでは、4分の3の自治体がＰＰＰ（「官民連携」＝民間委託の手法の一つ）を導入していません。フィンランドでは、多くの社会・福祉サービスの提供において民間企業と非営利団体は相対的に小さな役割しかはたしていません。スウェーデン政府は、国営企業を民営化する方針をもっていません。ヨーロッパの「先進国」全体でみるなら、民間委託されている割合は、公的サービス全体の４％にとどまっているといわれています。

民間委託を推進してきたイギリスでも、政府がガイドラインを策定し、金額にみあった価値がもたらされ、雇用者の労働条件を犠牲にしないばあいにのみＰＦＩを利用することができる、とされています。この背景には、ＥＵ企業譲渡指令（１９７７年、２００１年改正）が自治体サービスの民間委託のばあいにも適用されるという法規制があります。同指令は、営業譲渡それ自体を理由とする解雇を禁止するとともに、譲受企業とのあいだで雇用関係が維持されること、労働条件は変更されずそのまま承継されるとさだめています。イギリスは、この指令を基礎に「企業譲渡（労働者保護）規制」（ＴＵＰＥ制度）をつくり、民間委託先にうつった職員の労働条件の切り下げを防止しています。

このほか、ＥＵ「国内労使協議指令」（２００２年）も公務部門に適用されます。雇用にけん著な影響をおよぼす決定については、合意に達することを目的に協議しなければならないという重要な規定をもりこんでいます。

ＥＵの民営化の経験については、ＩＬＯ報告書（先述）が紹介しています。「ＥＵにおけるガスと電気の自由化の影響に関する報告書によると、民間委託は清掃、保守、情報技術（ＩＴ）、メーター検針などでおこなわれてきたが、いくつかの会社は、民間委託が長期的にみて、消費者サービスの悪化と消費者の満足度の悪化、価値ある技術の喪失につながっていると感じている」と紹介しています。

こうしたへい害がひろがったため、イギリスのイングランド地方とウェールズ地方の水道事業は、公共の手にもどされることになっています。フランスのグルノーブル市の水道事業は、民営化されたあと、ふたたび自治体に移管されました。イギリス電気協会は、サービス提供組織の所有形態とエネルギー価格とのあいだには相関関係がないとの結論をくだしています。

（3）労働組合のたたかい

公的サービスは公的機関がになうという世論を形成するうえで、労働組合のたたかいが大きな役割をはたしています。

ヨーロッパの約６０００万人の労働者を組織する欧州労連（ＥＴＵＣ）は、「ヨーロッパは、商品と資本、サービス、人の移動よりも、市民にとってより意味のある社会でなければならない」との考え方に立ち、「質の高い公的サービスが市民の基本的権利をはじめ持続可能な発展、ジェンダー平等、均等待遇、完全雇用にとってカギをにぎっている」と主張して、質の高い公的サービス促進のために行動しています。

欧州公務労組（ＥＰＳＵ）のＰＰＰ（「官民連携」）にかんする報告書（２００８年）は、「経験からいうと、全体として民間部門が公的部門より効率的とはみえない」、「欧州社会モデルは、ヨーロッパ諸国において公的サービスが中心的役割をはたすことを支持する。このモデルの中心をなすのは社会連帯という概念であり、これは、新自由主義の原則の対極にあるものだ」と書いています。欧州公務労組は、質の高い公的サービスが労働者や市民、ビジネスに貢献すると主張し、公的サービスの質の確保と国民生活の質の確保の立場から住民本位の公的サービスの実現に向け積極的にとりくんでいます。スウェーデンやドイツの公務労組は、民営化せずに自治体サービスの効率性と質を改善するためにイニシアチブを発揮しています。

第8章　公務員の労働基本権保障はどう発展してきたか

本章では、公務員の労働基本権の国際基準となっているＩＬＯ条約・勧告の内容と、日本政府にたいするＩＬＯ勧告の内容を紹介します。個々の条約については、ひろく知られているものもありますが、ＩＬＯが公務員の労働基本権保障を発展させてきた流れをおさえることによって、諸条約間の関連性があきらかになり、労働基本権保障の国際基準の全体像がみえてきます。

1　日本の公務員の労働基本権

（1）労働基本権のいちじるしい制限

資料20がしめしているように、日本の公務員の労働基本権保障は、欧米諸国のそれとくらべ、大きく立ちおくれており、「先進国」のなかで異常な状態になっています。表に掲載されていないＥＵ諸国のなかには、軍隊と警察にも団結権をみとめている国が少なくありません。

日本国憲法は、労働者に団結権と団体交渉権、団体行動権（ストライキ権）という労働3権を保障しています。ところが公務員には、団結権しかみとめず、団体交渉権とストライキ権をはく奪しています。国家公務員は、交渉することはできるが協約を締結する権利がありませんし、地方公務員は、文面による合意に署名することはできるがその文書は協約としての地位をもちません。ストライキについては、全面的に禁止されています。団結権それ自身にも登録制などの制約があります。

（２）占領政策の転換と官公労働者の労働基本権制限

第２次大戦後、いちはやく制定された労働組合法（１９４５年施行）は、公務員にたいしても民間労働者と同様に、労働３権を保障していました。それは、平和で民主的な社会をつくるうえで労働組合の促進が欠かせないと判断されたからでした。極東委員会（日本占領の最高決議機関、米・英・ソ連・中国など13ヵ国で構成、ワシントンに設置）が決定した「日本の労働組合に関する原則」（16原則）は、第１原則として「平和的かつ民主的な日本の建設」をすすめるために「労働組合を結成することを奨励されるべきである」と明記しました。

労働３権が保障された公務員は、労

資料 20　公務員の労働基本権の概要

日本

区　分		団結権		団体交渉権	争議権
		職員団体	労働組合		
国公	一般行政職員	○		×	×
	国営企業職員		○	○	×
	独法（特定）		○	○	×
	自衛隊職員	×		×	×
地公	一般行政職員	○		×（書面協定あり）	×
	教育職員	○		×（書面協定あり）	×
	地方公企職員		○	○	×
	単純労務職員	○	○	○	×
	消防職員	×		×	×
	警察職員	×		×	×

欧米諸国

区　分	団結権	団体交渉権	争議権
アメリカ	○（制服職、FBI などを除く）	○（制服職、FBI などを除く。また給与等連邦法で定めるものを除く）	×（地方公務員については州法により規定され、州により適用関係は異なる）
イギリス	○（警察及び軍隊を除く）	○（警察及び軍隊を除く）	○（警察及び軍隊を除く）
ドイツ	○	○（官吏の協約締結権を除く）	○
フランス	○（軍人等を除く）	○（軍人等を除く。官吏に協約締結権なし）	○（軍人及び警察官を除く）

（出所）日本 ILO 協会編『欧米の公務員制度と日本の公務員制度』

働組合を結成し、官庁民主化闘争をすすめるとともに、民主主義をまもるたたかいにとりくみました。この公務員労組の運動は、「全体の奉仕者」の立場にたって、平和・民主主義・人権を基調とする日本を再建するうえで必要なものでした。公務員労組の運動は、憲法の基本精神を実現する運動として、国民の認識のうえでも、法律上も肯定されていました。

ところがその後、アメリカは対日占領政策を急転換させ、1948年7月、連合国軍総司令部（GHQ）のマッカーサー最高司令官は、一片の書簡を吉田首相におくり、同内閣は、この書簡の指示にもとづき政令201号を公布し、250万人の全官公労働者から、憲法で保障された団体交渉権とストライキ権をはく奪するという暴挙をおこなったのでした。官公労働者にたいするこのいちじるしい労働基本権制限が今日までつづいています。

2 公務員の団結権保障はどう発展してきたか

ILOにおける公務員の団結権保障には、困難がともないました。政府代表は、国の代表であると同時に、公務員の雇用主としての使用者側代表でもあり、そのために、労働者側代表は2つの使用者側代表を相手に権利を保障していかなければならなかったからです。こうしたもとでも、労働者側は奮闘して、公務員の団結権保障を一歩一歩前進させていきました。ILOが公務員の団結権保障をどう前進させていったのか、まず全体の流れをおさえておきたいと思います（資料21）。

団結する権利についての最初の条約は、1948年に採択された「結社の自由および団結権の保障に関する条約」（第87号）です。この条約は、公務と民間のすべての労働者に労働組合を結成し行動する権利をみとめています。適用除外は「警察と軍隊」のみです。

つぎに、87号条約がさだめた原則を具体化する条約として、98号条約が翌年の1949年に採択されました。この条約も公務と民間のすべての労働者に適用されます。その内容は、①反組合的な差別待遇を禁止する、②労働条件を決定する団体交渉を促進する措置をさだめています。「軍隊と警察」にくわえて、公務員のなかの「国の行政にたずさわる職員」というカテゴリーを適用除外にしました。

その後、98号条約で除外された公務員のカテゴリーもふくめて、「公の機関が雇用するすべての者」を対象にした「公務における団結権の保護および雇用条件の決定の手続に関する条約」（第151号）が1978年に採択されます。公務員を直接の対象とするはじめての条約で、公務員の団結権にとって基本的な条約と位置づけられているものです。

さらにその後、団体交渉権を重視した条

資料21　ILOによる公務員の団結権保障はどう発展してきたか

結社の自由・団結権条約（第87号） 1948年 （批准国数150） →	・「警察と軍隊」は国内法で定める（9条）
↓	
団結権・団体交渉権条約（第98号） 1949年 （批准国数160） →	・「警察と軍隊」は国内法で定める（5条） ・「国の行政にたずさわる公務員」を除外（6条） ・団体交渉で雇用条件を決める（4条）
↓	
労働関係（公務）条約（第151号） 1981年 （批准国数45） →	・「公の機関が雇用するすべての者」に適用（1条） ・「警察と軍隊」は国内法で定める（1条） ・「政策策定・管理・高度の機密にたずさわる公務員」を除外（1条） ・団体交渉または参加（協議）で雇用条件を決める（7条）
↓	
団体交渉の促進に関する条約 （第154号） 1981年 （批准国数40） →	・団体交渉で雇用条件を決める（2条）

（出所）著者作成

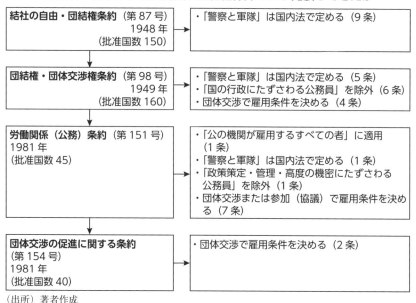

約が採択されます。「団体交渉の促進に関する条約」（第154号、1981年）です。労働条件は「交渉または参加（協議）」で決めるとさだめる151条約にたいし、154号条約は「交渉」できめると規定しています。団体交渉を優先するという国際的認識の発展を反映した条約です。この条約も公務と民間のすべての労働者に適用されます。

3 団結権について

これから団結権、団体交渉権・労働協約締結権、ストライキ権の国際基準について順次検討していきます。

(1) フィラデルフィア宣言

ＩＬＯは、労働者と使用者の代表が政府代表と同等の権利をもって意思決定に参加するという三者構成主義を採用しています。これは、ＩＬＯは労働組合の存在を前提にして設立された国際機関だということを意味します。つまり、ＩＬＯが承認する「結社の自由の原則」は、労働組合の承認を意味しているということです。使用者が生産や通商のために結合することは、はやくから自由におこなわれていました。しかし、労働者の結合は、長期にわたってみとめられませんでした。とりわけ公務員の団結権は、1919年にＩＬＯが結成された当時、多くの国で全面的に排除されているかまたは制限されていました。

この団結権の否定が戦争への抵抗力としての社会正義の確立をおくらせたと反省し、第2次大戦後のＩＬＯは、「国際労働機関の目的に関する宣言」（通称フィラデルフィア宣言）のなかに「表現および結社の自由は、不断の進歩のために欠くことができない」と宣言したのでした。そして、戦後まもない１９４８年に87号条約を採択しました。通常、条約を採択するばあい、2年間の討議が必要ですが、87号条約は1年の討議で採択されました。

（2）ＩＬＯ87号条約

団結する権利の具体的内容として、87号条約は、10の原則をさだめています。公務と民間のすべての労働者に適用されます。結社の自由は、団結権もふくめた概念です。なお、スト権については、これを明記したＩＬＯ条約はありませんが、87号条約3条が規定する団体活動のひとつと解釈されています。

第1原則「いかなる差別もなしに」（2条）…労働者は、「いかなる差別もなしに」団結する権利をもっています。公務員は、労働者であり、団結の担い手であることはいうまでもありません。

第2原則「事前の認可を受けることなしに」（2条）…労働組合は、その設立にあたって行政官庁の認可を必要とせず、自由に設立できます。

第3原則「みずから選択する」（2条）…労働組合がいくつもあるばあい、どの組合に加入するかは労働者がみずから選択します。労働者がどの組合に加入するかについては、使用者や国家権力からの干渉をうけません。公務員について、そのカテゴリー別に労働組合をつくらなければならないと明文規定する条項は、みずからの選択によって組織をつくったり加入したりできる労働者の権利と矛盾する、とＩＬＯは解釈しています。

第4原則「自由に運営し活動する権利」（3条）…労働組合は、「その規約および規則を作成し、自由に（完全な自由のもとに――英文）その代表を選び、その管理および活動についてさだめ、ならびにその計画を策定する権利を有する」と明記しています。

第5原則「自由に規約をつくる」（3条）…労働組合がいかなる規約と規則をつくるかは、労働組合の固有の権利です。規約・規則の作成のしかたと内容は、労働組合の完全な自由のもとにゆだねられます。

第6原則「代表を選ぶ自由」（3条）…労働組合の役員にだれを選ぶかは、労働者が完全な自由のもとに選択しうるものでなければなりません。

第7原則「計画の策定」（3条）…労働組合がどのような活動をするか、どのような運営のしかたをするかは、労働組合自身の権利です。労働組合の活動のしかたについて、法律や使用者が干渉することは、あきらかに団結する権利にたいする干渉となります。

第8原則「解散させられない権利」（4条）…労働組合が行政機関の命令によって解散させられたり、活動停止させられたりしない権利が保障されています。自由に設立された労働組合は解散させることができないという意味です。労働者の団結する権利は、それほどつよい権利なのです。

第9原則「連合・総連合を設立し参加する権利」（5条・6条）…連合体および総連合は、労働組合と同一の権利をもちます。労働者の利益は、一つの企業のなかの労働者だけの問題ではなく、同一産業の労働者が連帯してまもるものであり、さらにそれは全国的な、国際的な労働者の団結の問題であることが承認されています。

第10原則「法人格を取得する権利」…労働組合は、法人格を取得する権利をもっています。登録することを法人格取得の前提条件とすることはできません。

(3) 消防職員の団結権をみとめないのは日本だけ

87号条約は、「警察と軍隊」を唯一の適用除外にしています。ところが、日本政府は、「消防職員は警察に入る」と主張し、今日にいたるまで消防職員に団結権をみとめていません。消防職員に団結権をみとめない国は、世界で日本だけです。ＩＬＯ条約勧告適用専門家委員会報告書（１９７３年）は「消防職員は87号条約９条が除外しているカテゴリーに入らない」と明記し、日本政府の態度を批判しています。さらにＩＬＯ結社の自由委員会も「軍隊のなかの文民、消防職員、刑務所職員、税関職員は軍隊や警察に類似しているが、団結権が保障されなければならない」と解釈しています。

(4) 労働組合事務所の保護

わが国では、大阪市などが労働組合事務所の撤去を強行しています。これは異常です。ＩＬＯは、労働組合事務所が保護されるべきだと、つぎのように強調しています。『結社の自由委員会決定集』から引用します。

第１７８項…労働組合の事務所と財産の不可侵性は、労働組合権の行使にとってもっとも重要な市民的自由である。

第１７９項…保安隊が裁判所の令状なしに労働組合事務所を占拠するのは、権力による労働組合活動にたいする重大な干渉である。

第１８０項…労働者組織の事務所と使用者組織の事務所の不可侵性とは、公的権力が事前の許可または法的令状がない場合は事務所への立ち入りを主張できないことを意味している。

第１８１項…警察または軍隊が裁判所の令状なしに労働組合事務所に立ち入るのは、労働組合活動にたいする正当化できない干渉である。

第182項…裁判所の命令なしに、労働組合事務所または労働組合員の自宅を捜索するのは、結社の自由にたいする深刻な蹂躙である。

第192項…国家権力は、労働組合員がみずからの組合事務所に出入りすることを制限してはならない。

以上のように、ILOは、労働組合事務所というのは侵してはならない権利であると強調しています。

4 団体交渉権・労働協約締結権について

(1) ILO98号条約

98号条約は「団結権および団体交渉権についての原則の適用に関する条約」という名称になっています。ここでいう「原則」とは、87号条約11条が規定する原則のことです。11条は、「この条約の適用を受ける国際労働機関の各加盟国は、労働者および使用者が団結権を自由に行使することができることを確保するために、必要にしてかつ適当なすべての措置をとることを約束する」とさだめています。ですから、98号条約は、87号条約を具体化した条約ということになります。団結権保障の当然の帰結として団体交渉権が保障されなければならないというILOの見解にてらすなら、87号条約と98号条約は一体のものです。ILOは「団結権を保障する主な目的は、賃金その他の労働条件を労働協約を締結してきめることができるようにするためであり、団結権は団体交渉権をふくんでいる」との見解をとっています。

98号条約は、①反組合的な差別待遇の禁止(1条)、②団体交渉の促進(4条)を明記しています。

公務員もふくめて、労働条件は団体交渉できめ、合意内容を労働協約で確認するとさだめています。ちなみに、日本では労働協約の内容についてわずかなさだめしかおいていません（労働組合法14〜18条）。これにたいし、ＩＬＯ「労働協約に関する勧告」（91号、１９５１年）は、有利原則（Ⅲの３（３））、拡張適用（Ⅳ）、余後効（Ⅶの８（ｃ））などについて詳細なさだめをおいています。

（２）適用除外について

98号条約６条は、「国の行政にたずさわる公務員」（英文）を適用除外にしています。日本語訳は「公務員」となっていますが、これはフランス文からの翻訳といわれています。このように英文とフランス文で表現がことなり、これが国際的に混乱をもたらしました。ＩＬＯはこの混乱を解決するために、英文にもとづく解釈が正しいと説明しています。英文は、「国の行政にたずさわる公務員」です。したがって、地方公務員と教育公務員は、適用除外になりません。地方公務員と教員に労働協約締結権をみとめないのは、明白な条約違反です。

では、なぜ国際的に混乱をもたらすような適用除外が設けられたのか。それは、勤務条件法定主義をとる国において、協約による労働条件と法定による労働条件とのあいだに矛盾が生じるというのが理由でした。しかし、「国の行政にたずさわる公務員」の適用除外という98号条約のこの弱点は、１５１号条約と１５４号条約の採択によって克服されました。

5 公務員の団結権保障にとって151号条約が最重要

(1) なにをさだめているか

ＩＬＯは、１９６3年に、公務における団結権の保護と労働条件決定の手続きについて検討を開始し、１９８１年に「公務における団結権の保護および雇用条件決定のための手続に関する条約」(第１５１号)を採択しました。この条約は、その約30年前に採択された98号条約の弱点を克服し、内容を前進させたものです。具体的にみていきます。

①団体交渉の範囲を拡大

第１の前進面は、団体交渉の当事者の範囲を拡大した点です(1条)。98号条約で除外された「国の行政にたずさわる公務員」をも適用対象にしました。それだけでなく、「公の機関が雇用するすべての者」に適用します。つまり、公務員の地位をもっているかどうかにかかわりなく、公的機関に雇用されるすべての者に条約を適用するということです。公務職場に公務員ではない非常勤職員がふえている今日のわが国の状況にてらすなら、この規定の重要な意味はあきらかです。

除外できるのは、「政策決定または管理の職務を有する高い地位にある被用者または高度に機密的任務を有する被用者」と「軍隊と警察」です。ＩＬＯ結社の自由委員会は、「管理者は、使用者の利益を真に代表する者に限定すべき」と指摘するとともに、「上級管理職や政策立案者がその他の労働者を代表する労働組合に加入することを禁止できる。しかしそれは厳格に制限されなければならないし、みずからの団結体を結成する権利があたえられなければならない」(ＩＬＯ結社の自由部ジェルニゴン部長)

との見解をとっています。結社の自由委員会の勧告や条約勧告適用専門家委員会の『一般調査報告書』（1991年）を読むと、「政策決定・管理・高度の機密にたずさわる者」というのは、「国家の運営に直接関与する公務員」や「非常に上位のスタッフ」に限定されていることがわかります。EU（欧州連合）の文献も、「国の行政に直接たずさわる公務員のことであり、ひじょうに高い地位の役人のことである」と指摘しています。

②公的機関に雇用されるすべての者を対象

第2の前進面は、公的被用者団体について「構成のいかんにかかわらず」（3条）と明記した点です。公務員の労働者団体について公務員のみに構成員を限定する国（日本の国家公務員法108条の2、地方公務員法52条）があるという状況を打開するために、明記されたものです。重要な条文であり、現業と非現業の公務員がいっしょになって組織するいわゆる混合組合、さらに民間労働者も加盟する地域的な一般合同組合であっても、「公的被用者の利益を増進しかつ擁護することを目的とする団体」であれば、この条約の適用をうけることになります。

③便宜供与の範囲の拡大

第3の前進面は、便宜供与の範囲をひろげている点です（6条）。「勤務時間中および勤務時間外に（…）適当な便宜をあたえられる」と明記しています。151号条約と同時に採択された「公務における雇用条件の決定のための手続に関する勧告」（第159号）が「便宜の性質および範囲を決定するにあたっては、1971年の労働者代表勧告に留意すべきである」と明記しています。この「企業における労働者代表にあたえられる保護および便宜に関する勧告」（第143号）は、つぎのような便宜供与をさだめており、公務員にも適用されます。

①労働者代表がその任務を迅速かつ効率的に遂行できるように、企業において適切な便宜があらえられるべきである。

②労働者代表あるいは組合の代表として任務を遂行する場合に賃金を喪失することなく休暇があたえられるべきである。

③大会や会議に出席するために必要な休暇を賃金の喪失なしにあたえられるべきである。

④企業内のすべての職場への立ち入りがみとめられるべきである。

⑤組合費を徴収することがみとめられるべきである。

⑥労働組合の告知を掲示することがみとめられるべきである。

⑦新聞やパンフレットを労働者のあいだに配布することを許可すべきである。

⑧労働組合の役員がその企業や役所に雇用されていない者であっても自由にその職場に立ち入る機会をあたえるべきである。

なお、全日本国立病院労働組合（全医労）が労働組合権侵害を申し立てた事件で、結社の自由委員会は、日本政府につぎのような勧告（1997年）をおこなっています（中山和久訳）。

イ．本委員会は、日本国政府にたいし、今後全医労の代表がその職務を迅速かつ効率よく遂行できるために、職場施設における適切な便宜が供与されること、ならびにフルタイムの組合役員が職場への正当な立ち入りを承認することを保障するよう要請する。

ロ．職場集会での組合旗の掲示、組合掲示板の設置、組合ニュースやチラシの配布、請願への署名および組合集会への参加は、適法な組合活動であることを想起し、本委員会は、日本国政府にたいし、所管当局が今後、全国の国立医療機関で働く全医労組合員および役員による、これらの権利の合理的な行使を制限する措置を講じることがないよう保障することを要請する。

ハ．本委員会は、人事院勧告が完全にかつ迅速に実施され、それによって関係公務員が団体交渉およびストライキ（権）に関する労働組合権に課されている制限に対する代償措置を確保するよう、つよい希望を表明する。

④労働条件決定に参加する権利の拡大

第４の前進面は、労働条件決定手続きについて「交渉または参加（協議）」（７条）としている点です。団体交渉以外の手段（協議）も明記し、労働条件決定に参加する労働者の権利を拡大しています。これは、労働協約締結権から除外されることのある公務員を念頭におくものです（たとえば、看護職員条約５条２項）。このように権利を拡大したのは、「自らの雇用・労働条件の決定に参加することを拒否されるなら、公的サービスの効率性と有効性がそこなわれることになる」（労働者側代表の発言、１９７８年ＩＬＯ総会）からです。

⑤予算上の制約との関係について

ここで問題になるのが、公務員の賃金などの労働条件を団体交渉できめることと、公務員の賃金原資が税金であることに起因する予算上の制約との関係をどう考えればよいのかという問題です。ＩＬＯ条約勧告適用専門家委員会の見解を紹介します（順不同）。

○公的サービスの性格から一定の柔軟性を、たとえば賃金交渉の上限または下限を設定することをみとめる。しかしこれは、経済情勢を理由に賃金上昇率を一方的におしつけたり、交渉の可能性を除外することを意味するものではない。

○専門家委員会は、政府が直面する予算上・財政上の困難を十分に考慮する。しかし、最大限、団体交渉を選択すべきである。もっとも影響をうける労働者の生活水準をまもるべきである。
○専門家委員会の見解では、当局と労働者団体が合意したことを議会が修正したり拒否したりするのは、151号条約と合致しない。
○ＩＬＯの監視機関は、公的サービスにおいても、民間サービスにおいても、交渉が誠実におこなわれる必要があることを強調している。
○もっとも基本的な原則のひとつは、立法機関も行政機関も合意した労働協約にしたがわなければならないということである。この原則は、予算をきめるまえに合意する制度にも、予算をきめたあとに合意する制度にも適用する。事前交渉の結果を考慮することができるし、交渉中に公的機関は財務省の意見を聞くことができる。

以上に紹介したように、公務員の労働条件を団体交渉できめることと予算上の制約とは矛盾しない、とＩＬＯはくりかえし強調しています。

⑥市民的政治的権利の保障

第５の前進面は、市民的政治的権利を保障している点です（9条）。公務員にも一般市民と同等の市民的政治的権利を保障しなければならないとの立場から、公務員の人権を保障しています。なお日本政府は、これに徹底して反対してきました（次項参照）。わが国の国家公務員の政治活動制限は、その範囲を国家公務員法が直接に規定せず、人事院規則14－7（政治的行為）にゆだねていることから憲法31条（罪刑法定主義）に違反するうたがいがあると指摘されています。地方公務員法には政治活動への刑事罰規定はありません。

（3）骨ぬきをはかった日本政府の悪質な言動

151号条約を討議・採択した総会で、日本政府は、条約の骨ぬきをはかるという悪質な言動をとりました。

第1は、批准すれば拘束力をもつ条約にすることに反対しました。日本政府は、「公務員に関する国内慣行は多様であり、したがって（条約ではなく）勧告を採択すること」と強調しました（1978年総会）。これにたいして労働者側は、98号条約は「国の行政にたずさわる公務員」を適用除外にしているが、提案されている151号条約は適用除外の範囲をさらにせまく限定し、98号条約で排除された公務員を保護しようとしていると主張し、「98号条約とのギャップをうめなければならない。これが条約にする基本的理由だ」と発言して反対しました。その結果、日本政府が支持した修正案は、否決されました。

第2は、「公の機関が雇用するすべての者」に適用すること（1条）に反対しました。日本政府は、「国内の法律と慣行に考慮して適用する」という文言の挿入をもとめる修正案を提出しました。労働者側は反対、使用者側も反対した結果、日本政府は修正案のとり下げに追いこまれたのでした。しかしその際に、「消防職員は軍隊と警察にふくまれる」と宣言しましたが、労働者側はこれにたいし、消防職員は87号条約9条が適用除外にしているカテゴリーにはふくまれないと専門家委員会が判断している点を主張し、日本政府の宣言を批判しました。

第3は、「公的被用者団体」の構成について（3条）、「国内の法律と慣習にしたがって」定義するべきと提案しました。これにたいし、ILO事務局は、「日本政府の提案のような文言を挿入すれば、政府の裁量によって新条約（151号）のすべての保障から被用者団体を排除してしまうことになる」と批判し、拒否しました。

第4に、市民的政治的権利の保障に反対しました。これを保障した9条を削除する修正案を提出しました。これにたいし、公務員にも市民的政治的権利を保障することをさだめた「労働組合権と市民的自由に関する決議」が1970年総会で採択されている点をILO事務局から指摘され、日本政府は撤回に追いこまれました。

第4に、条約と勧告の採択にあたって、両方について棄権しました。「先進国」で棄権したのは、日本だけです。しかも、条約の「被用者団体の構成」（3条）と「公務員の政治的市民的権利の保障」（9条）について留保の態度表明をおこないました。条約について留保したのは、7ヵ国（コロンビア、インドネシア、日本、マレーシア、フィリピン、ウガンダ、ウルグアイ）。「先進国」では、日本だけです。また、151号条約と同時に採択された勧告（第159号）の4項（便宜供与）についても留保を表明しました。勧告について留保したのも、日本だけです。

6 団体交渉権をさらに前進させた154号条約

151号条約の採択によって、公務員の団体交渉権承認は大きく前進しました。しかし、団体交渉以外の方法を利用することによっていぜんとして団体交渉をさけている日本などの国があることから、団体交渉をより広範囲に承認することを目的に、「団体交渉の促進に関する条約」（第154号、1981年）が採択されました。

151号条約では、公務員の労働条件の決定は、「交渉または参加（協議）」によるとされていました。しかし、154号条約がさだめるのは、団体交渉だけです。これは、公務部門においても民間部門においても、労働条件を決定する手段として団体交渉を優先するという国際的認識とその実践の発展を反映したものでした。

（1）154号条約の特徴

条約の第1の特徴は、前文で「151号条約・勧告の（…）基本的重要性を考慮し」と明記されているように、「軍隊と警察」をのぞく公務部門をふくめた「経済活動のすべての部門」に適用されるという点です。なお、公務への適用のしかたは国内法令・慣行でさだめることができるとしています。その結果、団体交渉権から除外されるのは、「軍隊と警察」だけとなります。このように、団体交渉の当事者が拡大されました。

第2の特徴は、団体交渉の対象事項を拡大している点です。対象事項を「労働条件および雇用条件を決定すること」〔2条（a）〕、「使用者と労働者の関係についてさだめること」〔同（b）〕、「使用者または使用者団体と1または2以上の労働者団体の関係についてさだめること」〔同（c）〕と規定し、そのすべての事項について団体交渉を拡張すべきとさだめています〔5条2項（b）〕。

ここで問題になるのが管理運営事項のとりあつかいです。『結社の自由委員会決定ダイジェスト集』では、「委員会は、特定の事項は、本来的もしくは本質的に政府業務の管理運営に属することであり、したがって交渉範囲外であるとみなされうるが、それ以外は本来的もしくは本質的に就労条件にかかわる問題であり、したがって団体交渉の範囲外であるとみなされるべきではない」と明記しています。また、「管理運営に関する一定の事項が存在する。しかし、雇用条件に関する事項は、団体交渉の範囲外においてはならない」（ＩＬＯ結社と自由部のジェルニゴン氏）と説明しています。

（2）きびしく批判された日本政府の修正案

154号条約を討議・採択したILO総会（1981年）で、日本政府が提出した修正案が多数の政府代表、労働者側代表、使用者側代表からきびしい批判をうけ、とり下げに追いこまれるという事件がおきました。

日本政府が提出した修正案は、「（団体交渉の）当事者の利益と全体の利益との調和をはからなければならない。調和を奨励する措置がとられなければならない」、さらに「全体の利益の定義は、公的機関にゆだねられる」というものでした。

前年の第1回討議の際に否定された提案をふたたびもちだした日本政府への批判は、きわめてつよいものがありました。圧倒的多数の政府代表と、労働者側代表さらには使用者側代表も反対しました。その理由は、公的機関が全体の利益を定義するなら「労働省を最高裁判所に変えることになる」、「全体の利益というのは国際条約にとりいれるにはあまりにも漠然としている。民主主義社会において正確に定義するのは不可能である」、「修正案は、全体の利益を考慮するというのではない。当事者の利益と調和させることをもとめている。こんな条項は、団体交渉の促進とは無縁である」、「日本政府の修正案には深刻な危険性がある」など、きびしい批判をうけ、日本政府は修正案をとり下げました。

また日本政府は、「使用者とりわけ公的機関の使用者による情報公開は公共の利益にとって有害になる」とまで発言しました。日本政府がはたした役割はほんとうに悪質でした。

7 ILOはストライキ権をどうとらえているか

ストライキ権を明記したILO条約は存在しません。「任意調停および任意仲裁に関する勧告」（第

92号、１９５１年）が「この勧告の規定は、同盟罷業権をいかなる方法でも制限するものと解してはならない」（7項）と明記しているだけです。

しかし、結社の自由委員会は、ストライキの全面禁止が団結を機能不全の状態におとしいれる点を無視できないことから、結社の自由の原則にはストライキ権がふくまれるとの見解をしめしています。たとえば、『結社の自由委員会決定ダイジェスト集』は、「本委員会はつねに、ストライキ権は、労働者とその団体の基本的権利を構成するものとみなしてきた」と明記しています。ストライキは、87号条約3条が規定する団体活動のひとつであり、８条2項の団結権の不可侵性はスト権保障の意味をふくむものとして解釈されています。

公務員のストライキ権については、「国家の名において権限を行使する公務員」と「用語の厳密な意味における不可欠業務」のみ禁止または制限できると判断しています。教員はこの範囲にふくまれません。「不可欠業務」は、病院部門、電力事業、水道供給事業、電話サービス業、航空管制と考えられています。ボーダーラインの事例の場合は、ストライキを全面的に禁止するのではなく、最低限業務を確保すればよいと判断しています。

また、ストライキ権を制限または禁止する場合、「行動の自由が制限されることとの代償として、労働者に十分な保護があたえられるべきであると考える」との見解をあきらかにしています。

8　ＩＬＯから勧告をうける日本政府

公務員の労働基本権について、日本政府は、ＩＬＯからいくどとなく勧告をうけてきました。たとえば、２００２年に全労連と連合が政府の「公務員制度改革大綱」（２００1年）に対してＩＬＯ結社の自由委員会に申し立てた事件への勧告をみてみます。ＩＬＯは、つぎの６点について、日本の公務員制度が87号条約と98号条約に違反していると判断し、日本政府にきびしい勧告をおこないました。

①消防職員に団結権を付与する。

②地方公務員労組における登録制度を修正する。

③公務員労組が専従役員の任期をみずから決定できるようにする。

④「国家の運営に直接関与しない公務員」にスト権を付与する。

⑤労働基本権がはく奪されている職員への十分な代償の手続と機関を設立する。

⑥スト権の行使にたいする民事・刑事罰を科さないように法令を改正する。団体交渉事項の範囲に関して労働組合と意義ある対話をおこなう。

わが国で労働基本権を保障するばあいは、こうしたＩＬＯからの勧告をしっかりふまえた対応がもとめられます。

《参考文献》
中山和久『ＩＬＯと労働基本権』（日本評論新社、１９６３年）
〃『公務員法入門』（労旬新書、１９６７年）
〃『公務員の労働基本権』（労働旬報社、１９７２年）
〃『教材国際労働法』（三省堂書店、１９９８年）
日本ＩＬＯ協会編『欧米の公務員制度と日本の公務員制度』（日本ＩＬＯ協会、２００３年）

第9章　企業の社会的責任／ビジネス分野における人権擁護

日本の大企業は、「グローバル競争が激化するなか、海外企業と伍していく」と宣言して、多国籍企業化、「無国籍企業化」し、目先の利益のみを追求して、日本経済や日本国民の生活がどうなろうが、あとは野となれ山となれという態度をとっています。安倍政権は、これを支援するために、「企業が世界で一番活動しやすい国」、「世界でトップレベルの雇用政策」のスローガンをかかげ、〝多国籍企業が栄え民滅ぶ〟「成長戦略」を強行しています。

ところが、国際社会に目をてんじると、多国籍企業の横暴をおさえる運動の強化という新しい展開がみえてきます。この背景には、「世界の構造変化」があります。

1　人権尊重が大きな流れに

国際社会は今日、企業行動が人権におよぼす悪影響をますます懸念するようになり、「企業は社会の一員である」との認識に立って、ビジネス分野における人権尊重のとりくみをつよめています。①国連の「グローバル・コンパクト」と「保護、尊重および救済：ビジネスと人権のための枠組み」、「ビジネスと人権に関する指導原則」や、②ＩＬＯ（国際労働機関）の「多国籍企業および社会政策に関する原則の3者宣言」と「持続可能な企業」、③OECD（経済協力開発機構）の「多国籍企業行動指針」、④ISO26000（社会的責任に関する手引き）などがあいついで採択または改定されています。

これらの諸文書は、企業による自発的な人権じゅん守を奨励・促進するものであり、企業を法的に拘束するものではありません。しかし、世界の労働組合やNGO団体は、これらを積極的に活用して、企業に人権尊重をもとめるたたかいを強化しています。とりわけ、労働組合は、新自由主義路線にたいする職場からのたたかいの強化をよびかけ、主としてヨーロッパの多国籍企業とのあいだで、つぎつぎと「国際枠組み協約」（労働協約）と「欧州枠組み協約」（同）を締結し、労働者の人権をまもるとりくみを強化しています。こうした流れのなかで、国連は、「ビジネスと人権に関する条約」づくりにまでふみだしています。

このように、企業の社会的責任を強化するとりくみは、国際社会において新しい展開をみせています。

2　国連のとりくみ

資料22は、企業の社会的責任をもとめる国際的な動向を図解

資料22　企業の社会的責任

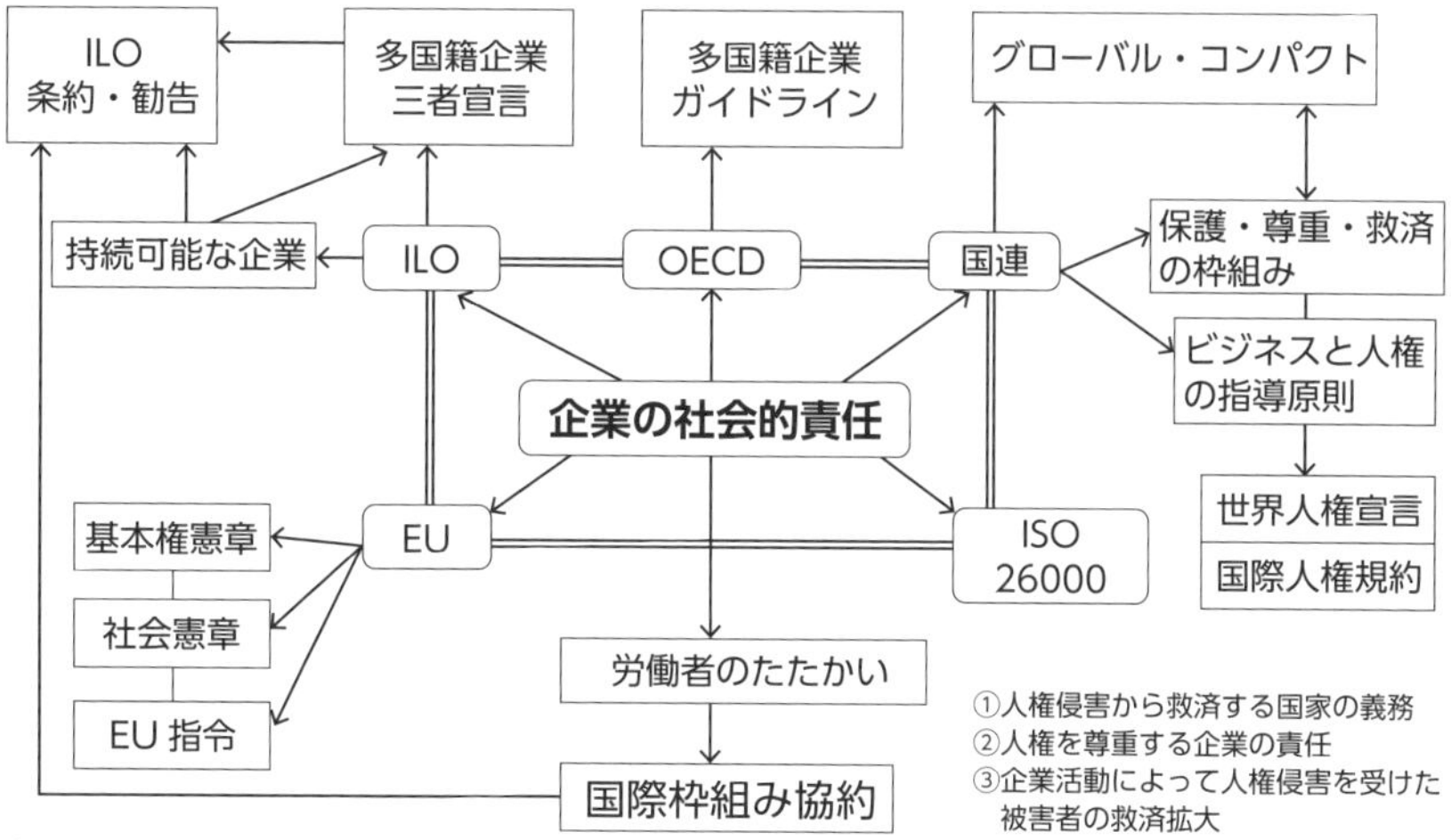

（出所）著者作成

したものです。近年、国連、ＩＬＯ、ＯＥＣＤ、ＩＳＯ（国際標準化機構）の各国際機関が企業の社会的責任に関する原則と基準をあいついで採択・改定し、そのじゅん守を企業にもとめる動きをつよめています。これらの原則・基準は、労働分野にかぎらず、環境保護や地域経済など広範な分野におよびます。なかでも重視されているのが、人権の分野です。これらの国際文書は、世界人権宣言やふたつの国際人権規約（A規約とB規約）、ＩＬＯ条約・勧告といった国際的にひろく承認されている労働基準を共通してとりいれています。この点で、これらの諸文書は、相互に密接に関連しあい、人権尊重という大きな国際的な流れをつくっています。図解したとおり、企業の社会的責任をめぐって国際的な包囲網がきずかれているといっていいでしょう。

(1) 国連「グローバル・コンパクト」

出発点となったのは、国連「グローバル・コンパクト」です。

国連のコフィ・アナン事務総長（当時）は、１９９9年1月にひらかれた「世界経済フォーラム」において、世界各国の財界リーダーをまえにして、国連と企業とのあいだに新しい関係をきずくことを提案しました。この提案をうけて、９つ（現在は10）の原則を中核とする国連「グローバル・コンパクト」が２００7年7月に発足しました。企業の最高経営責任者（ＣＥＯ）は、「グローバル・コンパクト」がかかげる10原則の実践を約束し、署名入りの書簡を国連事務総長に送付して、「グローバル・コンパクト」に参加します。今日、これに署名・参加する企業・団体は９０００社・４０００団体、日本では２５６企業・団体が署名・参加しています（２０１7年10月）。10原則を履行しない企業・団体は、除名されることになっています。

「グローバル・コンパクト」は、貧困と飢餓の撲滅やジェンダー平等など8つの目標をかかげる「国連ミレニアム目標」（この目標は現在の国連「持続可能な開発目標」に引きつがれています）の達成に企業がとりくむことをもとめた文書です。４分野（人権、労働、環境、腐敗防止）で10の原則をさだめています。

（人権分野）
原則１：企業は、国際的に宣言されている人権の保護を支持、尊重すべきである。
原則２：企業は、みずからが人権侵害に加担しないよう確保すべきである。
（労働分野）
原則３：企業は、組合結成の自由と団体交渉の権利の実効的な承認を支持すべきである。
原則４：企業は、あらゆる形態の強制労働の撤廃を支持すべきである。
原則５：企業は、児童労働の実効的な廃止を支持すべきである。
原則６：企業は、雇用と職業における差別の撤廃を支持すべきである。
（環境分野）
原則７：企業は、環境上の課題に対する予防原則的アプローチを支持すべきである。
原則８：企業は、環境に関するより大きな責任を率先して引き受けるべきである。
原則９：企業は、環境にやさしい技術の開発と普及を奨励すべきである。
（腐敗防止分野）
原則10：企業は、強要と贈収賄をふくむあらゆる形態の腐敗の防止にとりくむべきである。

（2）国連「保護、尊重および救済の枠組み」

その後、国連は、企業が労働者の人権や消費者、地域社会に大きな影響をおよぼすこと、そのなかには環境汚染や労働条件の引き下げなど否定的影響がふくまれるとの認識をふかめ、新たな文書を採択します。それが、国連「保護、尊重および救済：ビジネスと人権のための枠組み」（以下、「人権枠組み」）です。2008年の国連人権理事会で採択されました。国連史上はじめて、ビジネスが人権にあたえる影響について、国と企業の双方に責任があることを明示した文書です。2005年に、ハーバード大学教授のジョン・ラギー氏を国連事務総長特別代表に任命して以降、3年間の活動を経て、採択されました。

「人権枠組み」は、3つの柱で構成されています。

① 人権侵害から救済するための**国家の義務**
② 人権を尊重する**企業の責任**
③ 企業活動によって人権侵害を受けた**被害者の救済措置へのアクセス拡大**

(3) 国連「ビジネスと人権に関する指導原則」

この「国連人権枠組み」を運用するために、50回近い国際協議を経て2011年6月の国連人権理事会で採択されたのが「ビジネスと人権に関する指導原則：保護、尊重および救済を履行するために」（以下「国連人権指導原則」）です。「国連人権指導原則」は、「グローバル・コンパクト」がさだめる2つの原則（①企業は、国際的に宣言されている人権の保護を支持、伸長する、②企業は、みずからが人権侵害に加担しないよう確保すべきである）について、その概念と運用をさらに明確にした文書です。「国連人権指導原則」は、ビジネスと人権にかんして、今日のすべての国家と企業に期待される行動のグローバル標準（最低基準）をさだめたもの、と解説されています。

「国連人権指導原則」は、人権を保護する国家の義務や、人権を尊重する企業の責任、人権デュー・

ディリジェンス（調査）、救済へのアクセスなど、31の原則をさだめ、それぞれについて短い解説をつけています。31原則のうち約半分の14原則が企業の責任にかかわるものです。

世界の労働組合は、国連のこれらのとりくみを積極的に評価しています。たとえば、国際労働組合総連合（ＩＴＵＣ）は、「２００８年に採択された『国連人権枠組み』は、人権とビジネスに関する議論の全体を、積極的な方向へと転換した。『国連人権指導原則』は、国際的レベルにおける新たな重要な一歩である」と表明しています。

なお、ビジネス分野における人権尊重の国連のとりくみは、ＩＬＯ（国際労働機関）やＯＥＣＤ（経済開発協力機構）、ＩＳＯ（国際認証機関）にも大きな影響をあたえています。これと歩調をあわせて、世界の労働組合がとりくみを強化しています。

《参考文献》
John Gerard Ruggie, “JUST BUSINESS – Multinational Corporations and Human Rights”, W. W.Norton & Company, 2013（邦訳『正しいビジネス――世界が取り組む「多国籍企業と人権」の課題』岩波書店、２０１４年5月）

3　ＩＬＯのとりくみ

（１）「多国籍企業3者宣言」

国連の労働問題専門機関であるＩＬＯも、企業の社会的責任にはやくからとりくんできました。１９７７年に「多国籍企業および社会政策に関する原則の3者宣言」（以下「3者宣言」）を採択しました。雇用（雇用の促進、均等待遇、雇用の安定）、職業訓練、賃金などの労働条件・生活条件、安全衛生、労使関係（結社の自由と団結権、団体交渉、労働争議の解決）について、多国籍企業、政府、使用者団体、労働団体にたいしてガイドラインをしめしています。企業の雇用責任について、もっとも包括的な規定をおいています。「3者宣言」が言及するＩＬＯ条約は17本、勧告は24本にのぼります。また、「3者宣言」は、その実行状況について定期的に調査し、理事会で議論するしくみをもりこんでいます。

２０１４年６月に開催されたＩＬＯ理事会は、「3者宣言」が、採択された当時以上に重要になっているとして、多国籍企業の規制強化を確認しました。

さらに、ＩＬＯは２０１７年、国連の諸文書をふまえ、人権条項を強化して、この「3者宣言」を改定しました。

(2)「持続可能な企業」

ＩＬＯは、その後、新しい提起をおこないます。「持続可能な企業」という提起です。２００７年のＩＬＯ総会で討議し、結論文書を採択しました。企業は、社会の構成員であり、雇用や環境といった社会的側面に配慮して持続可能になってこそ経済も持続可能になる、という提起です。この提起の根底にすえられている考え方が大事です。

それは、①労働者はコストではない。労働者は財産である、②技能を身につけた熟練労働者は、企業の競争力の源泉である、③したがって、人員削減や賃金カットは、万策尽きたあとの最後の手段とすべきである、という考え方です。日本企業は、労働者＝コストと考えて、コスト削減のために労働者の賃金カットと人べらしを優先しています。しかし、「持続可能な企業」の提起にあるように、人をモノのようにあつかう企業には未来がないという考え方が国際社会であたりまえになっている点を強調したいと思います。

この考え方は、ＥＵ（欧州連合）にも共通してつらぬかれています。２００５年10月の欧州首脳会議に提出された文書〔COM（2005）525final〕は、「ヨーロッパは、コストだけで競争するようなことを望むわけにはいかない」と明記しています。また、欧州議会雇用・社会問題委員会の文書（２００７年3月）も「ヨーロッパは、低賃金と低技能を利用して国際競争力を維持することはできない」と明記しています。

4　ＯＥＣＤとＩＳＯのとりくみ

（1）ＯＥＣＤ「多国籍企業行動指針」

ＯＥＣＤ「多国籍企業行動指針」（以下「行動指針」）は、１９７６年に採択されました。多国籍企業が営業・生産活動をおこなう際に、最低限尊重・配慮しなければならない事項をさだめたものです。日本をふくむＯＥＣＤ加盟34ヵ国のほか、アルゼンチン、ブラジル、エジプト、ラトビア、リトアニア、モロッコ、ペルー、ルーマニアが参加しています（計42ヵ国）。

当初、「行動指針」には人権にかかわる規定がありませんでした。しかし、国連が「人権枠組み」と「人権指導原則」を採択したことをうけ、２０１１年5月の改定で、人権にかかわる章が新設され、国連の規定に沿った内容がもりこまれました。取引・下請企業（サプライチェーン）にたいしても人権デュー・ディリジェンス（調査）を実施することや、発展途上国においても生活賃金を保障することなどが新たにもりこまれました。

さらに、紛争解決機能をもつ「ナショナル・コンタクト・ポイント（ＮＣＰ）」（「行動指針」普及のための各国の連絡窓口）の手続きも強化されました。

（2）ネスレ争議の勝利和解

この「行動指針」を活用して争議を解決した事例が日本でうまれています。ネスレ争議です。

ネッスル日本労組は、頸肩腕症候群の問題をとりあげるなど、職場の労働条件の改善にとりくんできました。会社は、この組合をつぶすために、分裂工作などさまざまな不当労働行為をくりかえしました。組合員にたいしては、有給休暇をみとめない、介護をかかえる組合員を遠隔地に配転する、暴力事件をでっちあげて解雇するなど、数々の人権侵害と不当解雇をおこなってきました。この違法行為を断罪する裁判所と労働委員会による判決、命令は、100件にものぼりました。

それにもかかわらず是正措置をとらないネスレ日本にたいして、ネッスル日本労組と兵庫労連、全労連は、2005年、ネスレの違法行為は「行動指針」に違反していると、申し立てました。日本の労働組合運動のなかで「行動指針」を活用したはじめてのとりくみだと思います。2007年には、日本共産党の笠井亮衆院議員が国会でとりあげ、麻生太郎外相（当時）から、「連絡窓口をつくってのぞんでいる」との回答を引きだし、解決にむけた手続きを前進させました。

そして2013年10月、31年つづいたネスレ争議が解決しました。ネスレ本社のナンバー3といわれるエンリケ・エルダー氏（人事労務管理責任者）が来日し、全労連の大黒作治議長（当時）とのあいだで和解の確認書に調印しました。合意内容は、①団体交渉の要請があれば、すみやかに開催する、②職場での人権侵害、いじめ、差別をなくすために努力する、③人事異動はネッスル日本労組と事前協議する、④過去の判決や決定を真摯にうけとめ、今後はじゅん守する、などです（「しんぶん赤旗」2013年10月13日）。

ネスレ争議が解決した背景には、「行動指針」の2011年改定によって人権規定が新たにもりこまれた点があったと思います。ネッスル日本労組のたたかいは、国際社会における人権尊重の流れをしっかりととらえた点で、貴重な経験をのこしています。

（3）ISO26000

ＩＳＯ（国際標準化機構）は、スイスのジュネーブに本部をおく、民間の国際認証機関です。工業製品の標準化をすすめています。このＩＳＯは、80年代後半から、企業や組織の運営にかんする規格の策定にのりだしました。

２０１０年11月に、企業や組織の社会的責任（＝ＣＳＲ）に関する国際規格としてＩＳＯ２６０００を発行しました。国連の「人権枠組み」と「人権指導原則」がさだめる人権規定をもりこみ、企業だけでなくすべての組織を対象に、そのじゅん守をもとめています。

ＩＳＯ２６０００は、企業や組織がまもるべき社会的責任として、７つの原則（①説明責任、②透明性、③倫理的な行動、④ステークホルダー（利害関係者）の利害の尊重、⑤法の支配の尊重、⑥国際行動規範の尊重、⑦人権の尊重）をかかげています。また、企業や組織が現状を点検すべきポイントとして「７つの中核主題」（①組織統治、②人権、③労働慣行、④環境、⑤公正な事業慣行、⑥消費者課題、⑦コミュニティへの参画およびコミュニティの発展）をしめしています。

ところで、当初、民間の国際機関が労働基準をさだめることに、労働問題の専門機関であるＩＬＯは、批判的でした。ＩＬＯがさだめる国際労働基準を下回るような基準を民間の国際機関が策定するようなことがあってはならないと懸念したからです。しかし、その後、ＩＳＯとＩＬＯとのあいだで協議が開始され、２００５年3月に、先行する国際条約などの国際ルールとの整合性を保つ「覚書」を交わすことによって、ＩＳＯ２６０００が発行されることになりました。「覚書」は、ＩＬＯ条約などの国際ルールを尊重すること、ＩＬＯは規格策定のすべてのプロセスに参加し発言できる点などを確認しています。

日本の全労連もＣＳＲ（企業の社会的責任）の国際基準づくりに対応して２００４年以降、ＣＳＲ基準案や「企業通信簿」を策定しつつ経済産業省、厚生労働省、公正取引委員会などと懇談、要請をおこなってきました。

5 国連が条約づくりを開始

(1) なぜ条約づくりにふみだしたのか

以上にみてきたように、国連は、ビジネス分野における人権尊重にむけて一連のとりくみをつみかさねてきました。ところが、多国籍企業の活動に起因する人権侵害は増大する一方であり、この人権侵害を防止し、被害者を救済するには、多国籍企業の活動を規制し、人権侵害から人びとを救済する適切な保護措置と社会正義をさだめる、拘束力をもった国際文書が必要だとの認識をつよめてきました。この分野で中心的役割をはたしてきたジョン・ラギー国連事務総長特別代表（当時）も、一連の文書に拘束力がないという点が弱点になっていると指摘し、「ビジネスと人権に関する条約」づくりに着手すべきだと表明するようになりました（２０１４年5月14日）。

(2) どのような条約をめざしているのか

それでは、国連はどのような条約を採択しようとしているのでしょうか。具体的内容は、もちろんこれからの長い協議のなかでの検討課題になります。しかし想定される要素は、国連が採択した一連の文書、とりわけ国連「人権とビジネスに関する指導原則」（２０１１年採択）です。これら文書の特徴は、すでに紹介したとおりです。

(3) 国連政府間作業部会の設置と討議

第37回国連人権理事会は２０１４年６月24日、国際的に法的拘束力をもつ文書（条約）を制定するための政府間作業部会の設置とその第１回会合の開催を決議しました（国連人権理事会決議26／9）。政府間作業部会の名称は、「人権と多国籍企業およびその他の企業に関する国際的な法的枠組みを交渉するための政府間作業部会」と呼称され、その第１回会合を２０１５年７月６日〜10日、スイスのジュネーブで開催することを決定しました。

この決議を提案したのはエクアドル政府でした。その背景には、国内資源の開発をめぐって多国籍企業からうったえられている同国にとって多国籍企業の規制が切実な課題になっているという事情が存在すると考えられます。同国の提案は、85ヵ国と６００をこえるＮＧＯ団体という広範な政府・民間団体によって支持されました。ところが、人権理事会での決議採択は、きん差でした。理事国（47ヵ国）のうち賛成は20ヵ国、反対が14ヵ国、棄権が13ヵ国でした。

賛成した国は、アルジェリア、ベニン、ブルキナファソ、中国、コンゴ、コートジボワール、キューバ、エチオピア、インド、インドネシア、カザフスタン、ケニヤ、モロッコ、ナミビア、パキスタン、フィリピン、ロシア、南アフリカ、ベネズエラ、ベトナム。

反対した国は、オーストリア、チェコ、エストニア、フランス、ドイツ、アイルランド、イタリア、日本、モンテネグロ、韓国、ルーマニア、マケドニア、英国、米国。

棄権した国は、アルゼンチン、ボツワナ、ブラジル、チリ、コスタリカ、ガボン、クウェート、モルジブ、メキシコ、ペルー、サウジアラビア、シエラレオネ、アラブ首長国連邦。

この投票結果からあきらかなように、発展途上国が賛成し、「先進国」が反対するという構図がみてとれます。多国籍企業の90％が「先進国」の米国やヨーロッパ諸国、日本に本社をおくという事情が反映した結果といえるでしょう。

①どのようなテーマで討議され、どこに論点があったか

作業部会では、全体会のほかに、以下のテーマでそれぞれパネル討論がおこなわれました。

①「国連人権指導原則」の履行
②国際的に法的拘束力をもつ文書の原則
③文書の適用範囲：多国籍企業およびその他の企業：国際法における概念と法的性格
④域外をふくめた国家の責任
⑤企業が人権を尊重することを確保する国家の義務
⑥人権尊重のための企業責任の拡大
⑦企業の法的責任
⑧企業による人権侵害に関する国内および国際の救済措置へのアクセス

②条約の適用対象が論点に

条約の内容をめぐって論点になったのは、条約が対象とする企業の範囲です。

国連人権理事会決議26／9の名称は、「人権尊重のための多国籍企業およびその他の企業に関する国際的に法的拘束力をもつ文書の策定」です。多国籍企業だけでなく「その他の企業」という概念がふくまれています。この「その他の企業」について、決議は、脚注のなかで、「その活動において多国籍

的性格をもつすべての企業を意味し、国内法のもとで登録されている国内企業には適用されない」と明記しています。これが大問題になりました。

ＮＧＯ団体は、この定義をつよく批判しました。多国籍企業は、国内の下請企業をふくめて活動しており、国内企業を適用除外とするなら多国籍企業の実効ある規制につながらない、そもそも人権侵害の犠牲者にとって、それが多国籍企業の活動に起因するものか国内企業の活動に起因するものかは関係ない、と主張しました。ＥＵ（欧州連合）も、適用対象に国内企業をふくめるべきだと主張しました。

多国籍企業の数は７万７０００社です。ところが、下請企業は80万社、取引企業は数百万社にのぼると指摘されています。米国のウォルマートだけでも、６万２０００社と取り引きしています。こうした現実を考えるなら、下請・取引企業をつうじた違法・脱法行為を防止するためにも、条約の適用範囲を多国籍企業に限定せず、すべての企業に適用すべきという主張には道理があります。ＩＬＯが２０１６年総会でこのサプライチェーン（下請・取引企業）の問題を議題にとりあげたのも、こうした認識に立っているからです。

つぎに論点となったのが、人権侵害の規模です。「大量の人権侵害」とすべきという意見と、こうした限定をつけるべきでないという意見が対立しました。

③賛否両論で対立

多くの「先進国」と企業関係者が条約制定に反対しました。

米国は第１回会合のすべてのプロセスをボイコットしたと報道されています。日本政府も欠席しました。

ＥＵの態度はどうでしょうか。ＥＵは、人権侵害が発生しているのは国際的ルール・義務が欠如しているからではなくその履行の不十分さが原因であり、したがって「国連人権指導原則」の履行こそ優先すべき課題である、「国連人権指導原則」は将来の法的発展を排除したものではないが現状では新たな条約を採択する必要はない、というものです。第1回会合では、①「国連人権指導原則」の履行を継続することを約束する、②作業部会の焦点を多国籍企業に限定せずすべての企業を適用対象とすること、と提案しました。たしかに、ＥＵは、米国や日本とことなり、「国連人権指導原則」の履行に熱心であり、そのためのアクション・プランを策定・更新してきました。しかし、現状において条約づくりそれ自体を否定する態度は、作業部会でうけ入れられなかったため、ＥＵ諸国は、第2日目から退席してしまいました。そもそも第1回会合に参加したＥＵ政府は、28ヵ国中8ヵ国にとどまっていました。

多数の発展途上国とＮＧＯ団体は、現行の自発的文書では実効性がなく、国際的に法的拘束力をもつ条約が必要であるとの立場に立っています。会合に欠席した政府を批判もしました。

ＮＧＯ団体の代表として国際労働組合総連合（ＩＴＵＣ）の発言を紹介します。ＩＴＵＣは、政府間作業部会の設置と第1回会合の開催、さらに意味のある条約の採択を歓迎しています。第1回会合では、ＩＬＯ条約が明記する労働者の基本的権利をふくめ国際的に承認されているすべての人権を条約の対象にするよう要求しました。また、ＯＥＣＤ多国籍企業行動指針やＩＬＯ多国籍企業3者宣言、「国連人権指導原則」がすべての企業を適用対象にしている点に言及し、今後採択されると思われる条約はすべての企業を対象にすべきであると主張しました。さらに、人権侵害の実効ある救済のために、監視制度と、国境をこえた司法制度の創設が必要になっていると主張しました。

④第１回政府間作業部会の結論

第１回会合では、①企業活動に起因する人権侵害から人びとを保護する国家の義務、②人権を尊重する企業の責任、③救済措置へのアクセス拡大、という「国連人権指導原則」の３つの柱に沿って、それぞれの履行状況を判定する既存のイニシアチブについて討議しました。その結果、現状では、「国連人権原則」の履行を判定するグローバルな制度が欠如しており、判定基準が未確立であると判断し、どれだけ履行されているのか状況判定が作業部会にとってきわめて重要な課題になっているとの結論をまとめました。

⑤ＮＧＯ団体がカギをにぎる

第１回政府間作業部会は、予想されたことではありますが、条約制定にたいする賛否両論が対立する会議となりました。しかし、この会合で積極的役割をはたしたＮＧＯ団体は、全体として、「いいスタートを切った」と評価しています。条約制定が実現するかどうかはＮＧＯ団体の奮闘にかかっているというのが衆目の一致するところです。この点を、「国連人権指導原則」の提唱者であるジョン・ラギー氏がこう指摘しています。「ビジネスと人権に関する議題を前進させる中心は市民社会である」と指摘したうえで、「国家間でこのような分断が生じているとき、ＮＧＯ団体のリーダーシップがつよくもとめられる」と「ＮＧＯ団体が国家と企業に圧力をかけるために、国家が無視できないような提案をおこなうことがもとめられる」と発言しています。

⑥第２回政府間作業部会の特徴

翌２０１６年10月、第２回政府間作業部会が開催され、第１回会合に欠席したＥＵ主要国政府と日本政府が参加しました。米国政府はひきつづき欠席です。

なお、第1回会合で「国連人権指導原則」の履行こそ優先されるべきだと発言したEUにおいては、欧州評議会が第2回会合をまえにした2016年3月に「人権とビジネスに関する勧告」を採択しました。勧告は、「国連人権指導原則」を全面的にふまえ、①「国連人権指導原則」の履行、②人権を保護する国家の義務、③人権を尊重する企業責任を可能にする国の行動、④救済措置へのアクセス——以上の具体的規定をもりこんでいます。

ことし2017年に、第3回政府間作業部会が開催されます。

(4) 条約づくりにむけた国連の3度目の挑戦

今回の条約づくりは、国連にとって多国籍企業規制の3度目の挑戦となります。過去2回は、失敗におわりました。この経過をふり返ることによって、今回の新しい特徴と教訓があきらかになると思います。

国連が、ILOやOECDと同様に、多国籍企業の規制にとりくみはじめたのは、1970年代です。1974年、国連経済社会理事会は、多国籍企業委員会を設置し、「多国籍企業行動規範」(拘束力のない自発的文書)づくりをはじめました。しかし、発展途上国の多くをはじめ米国政府や日本政府などが「規制しすぎる」と反対し、この動きは、90年代に中断に追いこまれました。具体的作業をおこなっていた「多国籍企業センター」も廃止されました。

2度目の挑戦は、国連人権委員会によるとりくみです。国連人権小委員会は、「人権に関する多国籍企業およびその他の企業の責任についての規範」(以下「新規範」)づくりを開始します。企業を拘束する準条約的な文書として検討がはじまり、2003年に「新規範」が採択されました。ところが、この文書は、これを支持する人権擁護団体と、反対する経済団体とのあいだで熱い議論をよびおこしました。経済団体は、「これは人権の民営化だ。国家の責務である人権擁護を企業に転嫁するものだ」とはげしく反対しました。こうした事情もあって国連は「新規範」にもとづく行動をおこすことができませんでした。国連による多国籍企業規制のとりくみは、ふたたび中断に追いこまれました。

2度目の失敗をふまえて、拘束力のないガイドラインとして、先述の「グローバル・コンパクト」や「国連人権枠組み」、「国連人権指導原則」がつぎつぎと採択されていきました。この意義について、中心的役割をになったジョン・ラギー国連事務総長特別代表（当時）は、「国連人権指導原則（案）」の討議を前にした２０１０年秋の国連総会での年次報告において、「ＣＳＲ（企業の社会的責任）を宣言するだけの時代は終わりました。人権を尊重する企業の社会的責任は、ことばだけではたせません。企業が人権を尊重していることを、『認めて、しめす』ことができるような具体的な措置が必要です」と発言しました。

しかし、その後、国連担当者やＮＧＯのあいだで、拘束力がないという点が弱点になっているという認識がひろがるなか、「ビジネスと人権に関する条約」づくりがスタートしました（２０１4年5月）。3度目の挑戦のはじまりです。

今回の政府間作業部会の設置と第1回・第2回会合の開催は、多国籍企業を規制しようとする国連にとっての3度目の挑戦となります。過去のとりくみは、発展途上国が反対するもとで失敗におわりました。しかし、今回の挑戦は、これまで多国籍企業の規制に反対していた発展途上国の多くが賛成しています。自国の低賃金が国際競争力の源泉であるという考え方を転換させたからです。

また、これまで国連の討議にあまりかかわれなかったＮＧＯ団体が討論の流れをつくるというまったく新しい状況がうまれています。労働者・市民が新しい国際経済秩序をつくる運動の中心的プレーヤーとして国際社会におどりでています。

同時に、多国籍企業内で「企業の社会的責任（ＣＳＲ）」活動を推進するまじめな企業人の存在と活動も注目にあたいします。これらの企業人は、人権と環境などの倫理性を追求しながら、企業の違法行為と不正をただそうと努力し、国連の人権擁護のとりくみにも参画しています。ビジネス分野における人権擁護の活動は、かつてないひろがりをみせようとしています。

国際社会は今日、発達した資本主義国だけでは国際経済秩序を律することができない時代をむかえています。このような世界の構造変化に対応した新しい民主的な国際経済秩序が切実にもとめられます。国際経済における民主的ルールを確立し、多国籍企業化した大企業に国際的な民主的規制をおこなうことが、諸国民のたたかいの緊急の課題として日程にのぼる新しい時代をむかえています。人権にたいする企業責任の強化をもとめる今日の運動は、まさにこうしたたたかいとなっています。

6 きわだつ経団連の立ちおくれ

国連があいついで人権尊重をもとめる文書を発表し、これにそってＯＥＣＤが「多国籍企業行動指針」を改定し、ＩＳＯが企業の社会的責任に関する新しい基準を発表し、さらにはＩＬＯが企業の社会的責任を強化する「持続ある企業」を提起するなかで、経団連は、２０１０年9月に「企業行動憲章」を改定しました。

ところが、改定された「企業行動憲章」は、「国の内外において、人権を尊重し、関係法令、国際ルールおよびその精神を遵守しつつ、持続可能な社会の創造に向けて、高い倫理観をもって社会的責任を果たしていく」と一般論をしめすだけで、かかげる10原則には、労働者の人権や労働組合権をはじめとする国際労働基準への具体的言及がいっさい存在しません。「従業員の多様性、人格、個性を尊重するとともに、安全で働きやすい環境を確保し、ゆとりと豊かさを実現する」などと書かれているだけです。かつての「企業行動憲章実行の手引き」には、世界人権宣言の引用がありましたが、改定された「手引き（第六版）」からは削除されてしまいました。経団連の立ちおくれは、きわだっています。

7　世界の労働組合のたたかい

最後に、企業の社会的責任の強化をもとめる労働組合のとりくみを紹介します。

（1）新自由主義路線への対抗軸はなにか

資料23は、世界の労働組合が新自由主義路線への対抗軸としてなにをかかげているのかを図解したものです。

対抗軸の一つは、ＩＬＯが提唱する「ディーセント・ワーク（人間らしい労働）」です（図中の①）。もう一つ

資料 23　世界の労働組合は、新自由主義への対抗軸としてなにをかかげているか

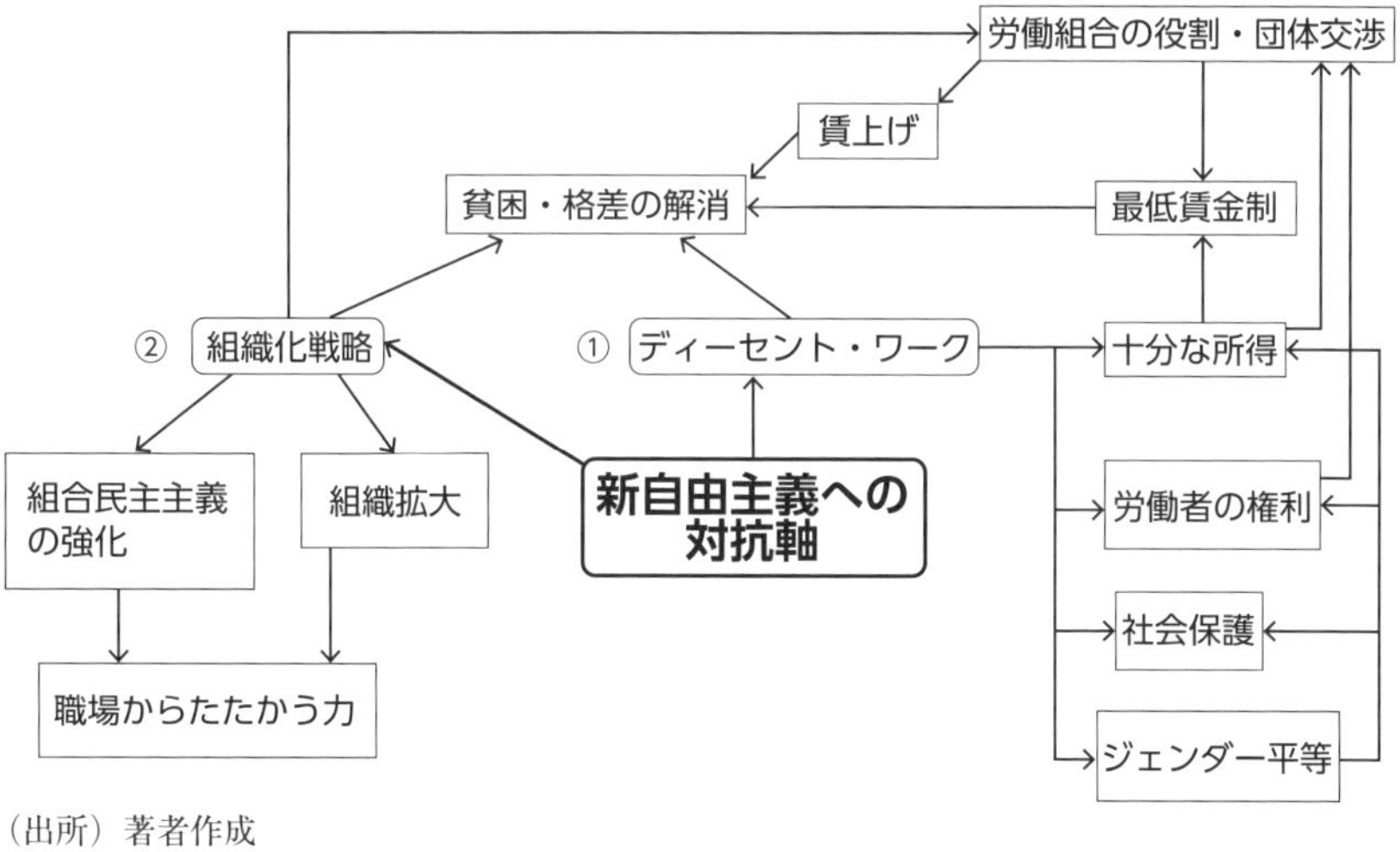

（出所）著者作成

の対抗軸は、組織化戦略です（図中の②）。組合員をふやして労働組合を大きくするとともに、一人ひとりの組合員をあらゆる意思決定と行動に参加させることによって組合民主主義を強化するという戦略です。

組合員拡大と組合民主主義強化という2つの課題は、密接にむすびついています。これは歴史の教訓でもあります。世界と日本の労働組合運動の歴史をふり返るとき、未組織の組織化が前進したときに組合民主主義も前進するという事実を確認することができます。組織拡大と組合民主主義の強化によって、職場から、新自由主義とたたかう力をつけることを目的にしているのが、この組織化戦略です。とりわけ、米国やイギリス、オーストラリアといった新自由主義国家で活動する労働組合が、この組織化戦略を重視しています。

２０１５年11月に開催された全労連国際シンポジウムでも、米国、オーストラリア、インド、インドネシア、マレーシア、韓国の労組代表が組織化の努力と経験を報告していました。なかでも米国のＳＥＩＵ（国際サービス労組）が、マクドナルドなどで働く非正規労働者にたいして、「時給15ドルを実現しよう。そのためにストライキをやろう」とよびかけて組織している経験が教訓的でした。

(2)「国際枠組み協約」

職場からの団結とたたかいによってディーセント・ワークを実現するために労働組合が重視しているのが、団体交渉であり、それによって締結される「国際枠組み協約」です（詳細は、丸山恵也『現代日本の多国籍企業』新日本出版社、２０１２年）。

「国際枠組み協約」とは、金属や化学、建設、食品、商業などの国際産業別労働組合が多国籍企業とのあいだで団体交渉をおこない、そこで確認した内容を文書にした労働協約です。ＩＬＯの国際労働基準を中心にした人権保障を明記しています。１００社をこえる多国籍企業が締結しています。その多くが欧米企業であり、日本企業は、高島屋とミズノ、イオンの3社のみです。欧州レベルで締結されている「欧州枠組み協約」をふくめると、２８２本にのぼります。

たとえば、インダストリオールという国際産業別労働組合が独ダイムラーと締結した「国際枠組み協約」は、「社会的責任を果たしてこそ、私たちは、これからの世界の平和と繁栄に貢献することができる」と宣言し、人権尊重をはじめ、強制労働と児童労働の廃止、機会均等、同一労働同一賃金、団結権と団体交渉権の尊重などを明記しています。

「国際枠組み協約」は、締結した企業グループに雇用される全世界の労働者に適用されると同時に、サプライヤー（取引・下請企業）をも適用対象にしています。たとえば、独フォルクスワーゲンの場合、同社との取り引きを希望するサプライヤーは、企業の社会的責任にかんするフォルクスワーゲンの方針に「留意した」と署名をしなければなりません。署名しなければ、フォルクスワーゲン購買部が直接連絡をとり、署名しなかった理由を聞くことになります。署名しなければ取り引きは成立しません。

近年の特徴は、アデコ（スイス）やマンパワー（米国）、ケリー（米国）といった人材サービス会社があいついで「国際枠組み協約」を締結し、派遣労働者の保護を強化している点です。「生涯ハケン」と「正社員ゼロ」に道をひらくような、わが国の労働法制の大改悪は、こうした国際動向にも逆行する暴挙です。

第10章　労働者のたたかいがルールをつくってきた

ヨーロッパの雇用・労働に関する「社会的ルール」は、自然に確立したのではなく、労働者のたたかいがつくってきたものです。

1　ヨーロッパのたたかいと社会的ルール

まず、労働時間短縮の法制化をみてみましょう。

「私は13歳です。（…）私たちはこの冬は晩の9時まで働きましたし、そのまえの冬は10時まで働きました。私は、この冬は足が痛くてほとんど毎晩声をあげて泣きました」、「9歳のときには、ときどき12時間労働の3交替分（36時間）をぶっ続けで働き、10歳のときには2日2晩（48時間）ぶっ続けで働いた」（マルクス『資本論』第1巻第8章「労働日」）――死ぬまで働くことが日常茶飯事となり過労死までおきていたイギリスで、労働時間を14時間から12時間さらには10時間へと短縮する工場法（1933年）を制定させたのは、労働者のたたかいでした。このことをマルクスはつぎのように指摘しています。

「労働日の制限についていえば、ほかのどの国でもそうだが、イギリスでも、法律の介入によらないでそれが決まったことは一度もなかった。その介入も、労働者がたえず外部から圧力をくわえなかったらけっしてなされはしなかったであろう」（マルクス『賃金、価格、利潤』）。

ＥＵが労働者を保護するさまざまな指令をつくってきたのも、労働者のたたかいがあったからです。もともと、ＥＵの前身である欧州経済共同体（ＥＥＣ）が結成された１９５７年当時、ＥＥＣ独自の社会・労働政策は必要ないという考えが一般的でした。しかしその後、１９８０年代にはいると、ドイツやフランスなどの「大陸ヨーロッパ」諸国が「社会的ヨーロッパ」の構築をすすめるようになっていきます。このとき、これにはげしく抵抗したのが新自由主義路線をとる英国のサッチャー政権（１９７９年〜１９９０年）でした。この時期には、ＥＵとしての社会・労働分野の立法活動はほとんど前進しませんでした。当時、ＥＵがすすめていた経済的統合のなかでそのおくれがもっとも目立ったのが、この社会的側面＝社会・労働政策をめぐる問題への対応でした。

これを突破したのが労働組合の力でした。サッチャー政権のはげしい抵抗によって政府レベルでの労働規制がまったく前進しなかったとき、労働組合が使用者団体と団体交渉をおこない、労使協定をつみかさねていったのです。そして、法的拘束力をもつこの労使協定をそのままＥＵ指令に格上げしていくことに成功しました。こうした工夫と経験によってつくられたＥＵ指令は、育児休暇、パートタイム労働、有期労働、在宅労働、職場におけるストレスの防止と５本にのぼります。

ヨーロッパの労働組合は、社会のなかでつよい発言力をもち、つねに政治・経済に大きな影響力を発揮しています。政労使による社会対話が定着し、なかでも労使関係が社会的にみて重要な制度として機能し、労働組合の意見を無視しては政策が立案できない状況をつくりだしています。

人間らしい労働を実現するカギをにぎっているのは、労働組合の力です。ヨーロッパ労連（ＥＴＵＣ）（注）が発行する『ヨーロッパの社会権』と題するパンフレットには、「ヨーロッパの社会的遺産（労働法、社会保障、均等待遇、非差別）は、労働者階級のたたかいのおかげで、存在している」と書かれています。短い文章ですが、ヨーロッパの労働者の連綿とつづいてきたたたかいをしめす力づよいことばだと思います。

（注）36ヵ国、82のナショナルセンターと12のヨーロッパ規模の産業別労働組合によって構成され、組織人員は約6000万人と公表されています。ヨーロッパ労連（ETUC）の結成をうながしたのは、1969年に米AFL—CIO（米労働総同盟・産業別組織会議）が国際自由労連（ICFTU）から脱退するという事件でした。反共主義のおしつけによって生じた国際自由労連の分裂をまえにして、特定のイデオロギーをおしつけるから労働組合が分裂するのであり、統一と団結を強化するには労働組合のすべての潮流に門戸をひらく必要があるという考え方に立って、1973年に結成されたのでした。国際自由労連加盟組合のみならず、国際労連（WCL）に加盟していたベルギーのキリスト教系労働組合、世界労連（WFTU）にかつて加盟していたイタリア労働総同盟（CGIL）とフランス労働総同盟（CGT）も加盟しています。なお、国際自由労連と国際労連は2006年11月に合同し、国際労働組合総連合（ITUC）が結成されています。

2 緊縮政策に未来はない

今日のEUは、緊縮政策を推進しています。年金や失業給付などの社会保障費や教育予算の削減、公務員の削減、付加価値税（日本でいう消費税）の引き上げなどを強行しています。その結果、雇用情勢が悪化しています。

（1）緊縮政策の代価は人命

緊縮政策にかかわって、２０１４年に興味深い本が出版されました。デヴィッド・スタックラー、サンジェイ・バス『経済政策で人は死ぬか？――公衆衛生学から見た不況対策』（草思社、２０１４年）です。緊縮政策が国民にどのような否定的影響をおよぼすかを歴史的に検証した本です。１９３０年代の米国の大恐慌とニュー・ディール政策からはじまり、ソ連崩壊後のロシア経済、90年代後半のアジア通貨危機、リーマンショック後のアイスランド経済危機、そして近年のギリシャ経済危機までを研究しています。その結論は「緊縮政策の代価は人命だ」といいます。緊縮政策によって国民の命がうばわれているというのです。

こういっています。「思い切った緊縮策が不況に歯止めをかけることをしめすデータはなく、数字はむしろ逆をしめしている。つまり緊縮策によって失業率がさらに上がり、消費がますます落ち込み、経済がいっそう減速したと解釈できるデータばかりである」。さらに、「急激かつ大規模な緊縮策の結果を調べてみると、当初の意図に反して、景気低迷を長引かせる結果に終わっている。急激な予算削減で需要が冷え込み、失業者が増え、負のスパイラルが起きる。同時にセーフティネットが働くなって感染症の拡大など健康問題が深刻化し、景気回復どころかかえって財政赤字が膨らんでしまう」。

では、著者は不況時になにが必要と提唱しているのか。「不況時においてもセーフティネットをしっかり維持することが、健康維持のみならず、人びとの職場への復帰を助け、苦しいなかでも収入を維持する下支えとなり、ひいては経済を押し上げる力になる」「人々を労働市場の外に追い出さないことが肝心で、企業も解雇ではなく、労働時間の縮小で対処するのが望ましい。さらに、政府は高齢者の基本的ニーズを満たすべく、年金を維持しなければならない」。

これはＩＬＯの結論と同じです。ＩＬＯは「経済危機からの回復と持続可能な成長にとってもっとも重要なのは、経済政策の中心に雇用を位置づけることにある」（第99回総会）という結論をまとめています。労働者の雇用を維持し、所得をふやして購買力を大きくする、そうすればモノが売れるようになり、経済が回復するというのです。

これにたいし、安倍政権は「企業が世界で一番活動しやすい国」をつくるといい、経団連は「企業の国際競争力の強化等を通じて、持続的経済成長を実現する」といいます。企業をつよくすれば、その利益が労働者にまわるというトリクルダウン（おこぼれ）理論です。これは、国際社会がまとめた結論からみれば逆立ちした主張です。

(2) ＩＬＯが日本政府に警告

ＩＬＯ『２０１２年世界労働リポート』は「緊縮のワナからどうやってぬけだすか」と題する論評を掲載し、緊縮政策は失敗してきたと結論づけました。

ＩＬＯリポートは、「先進国」の雇用情勢の悪化は「緊縮のワナ」を反映したものだと分析しています。

ＥＵ諸国などの「先進国」の多くは、雇用・労働市場のいっそうの規制緩和をすすめてきました。こうすれば成長が達成され、雇用創出が実現すると期待したためです。しかし「この期待は実現しなかった」とＩＬＯレポートは結論づけています。「緊縮と規制緩和を最大限に追求してきた諸国で、経済と雇用が悪化しつづけた」「緊縮策は経済成長をよわめ、不安定性をたかめ、銀行のバランスシートを悪化させ、これがいっそうの信用収縮と投資の縮小につながり、結果として雇用喪失をまねいた」「緊縮を積極的にすすめてきた国で財政赤字がほとんど改善しなかった」とのべ、「緊縮のワナにはまった」と批判しました。

ＩＬＯリポートは、緊縮策からぬけだすことができるとのべ、３つのアプローチを提起しています。①賃金と最低賃金を引き上げ、国民所得をふやして内需を拡大する、②多数の労働者を雇用する中小企業へ資金援助などの支援をおこなう、③失業者が再就職できるように支援する、というアプローチです。「いまこそ成長と雇用を中心にした戦略に転換するときだ。こうすれば緊縮策の感染をふせぐことができる」と提起しました。ＩＬＯリポートの結論は、「緊縮財政によって成長がもたらされ、その成長が雇用をもたらすという前提にたっている」が、「この前提は逆効果をもたらしたことが実証された」「雇用を中心にすえた対案があることをしめすことが死活的に重要である」というものです。

なお、このＩＬＯリポートは、日本も「緊縮のワナにはまっている」と指摘しています。「（日本は）他の『先進国』と同様に、公的支出とりわけ社会保障費を削減するという緊縮策の導入を計画している」と指摘し、「こうした公的支出の削減は社会に深刻な否定的影響をあたえる」と警告しています。

3　財界は規制緩和、労働組合は労働者保護

今日、ヨーロッパでは、労働市場の規制緩和（フレキシビリティ）をすすめようとする経済界と、労働者保護（セキュリティ）を強化しようとする労働組合とがせめぎあっています。ＥＵは、この両者の主張をとりいれて、「フレキシキュリティ」（フレキシビリティ＋セキュリティ）という政策をすすめています。

ＥＴＵＣをはじめヨーロッパの労働組合は、全体として、この「フレキシキュリティ」に懐疑的です資料24。「フレキシキュリティ」を、労働者保護を考慮することなしに労働市場の規制緩和を可能にする手段と考えています。とりわけ非正規雇用の増大を可能にするような労働契約の規制緩和につよ

く反対しています。オーストリア、ベルギー、フランス、ドイツ、ポルトガル、スペイン、ノルウェーなど多くの国の労働組合がこうした立場をとっています。なお、フランスやドイツでは、「フレキシキュリティ」という言葉自体がほとんど使われていません。

なお、アイルランドのように、労働組合がデンマーク型あるいはオランダ型の「フレキシキュリティ」の導入に賛成する一方で、経営者団体が、その導入は高コストにつながるとして慎重な態度をとっている国もあります。また、フィンランドでは、政府が2006年にデンマーク型の「フレキシキュリティ」の導入を提案したのにたいし、労使双方が、両国の経済構造はことなっているとして疑問視しています。イタリアの労働組合は、EUの「フレキシキュリティ」のとりくみを評価しながらも、解雇規制を緩和しようとしている点を批判する

資料 24　「フレキシキュリティ」に対する労使の態度

<table>
<tr><th>国名</th><th>労働組合</th><th>使用者団体</th></tr>
<tr><td>オーストリア</td><td>仕事と育児を結合できるような、あるいは職業教育休暇をとれるような職業保障を</td><td>労働時間と残業代についての規制をもっと柔軟に</td></tr>
<tr><td>ベルギー</td><td>労働者保護（社会保障給付の増大）とエンプロイアビリティ（生涯教育の強化）を強調</td><td>柔軟化とくに派遣労働の利用を強調</td></tr>
<tr><td>デンマーク</td><td colspan="2">フレキシキュリティの原則について共通の理解。とくに柔軟な労働市場にとって高い社会保障支出が重要と考える</td></tr>
<tr><td>ドイツ</td><td>解雇規制の緩和に反対。雇用の柔軟な形態に懐疑的</td><td>中核的従業員には内的柔軟性（労働時間の規制緩和など）を、周辺的労働には柔軟な雇用形態を</td></tr>
<tr><td>アイルランド</td><td colspan="2">労働市場の柔軟性を維持しながら、労働者を保護するため強力な社会対話</td></tr>
<tr><td>スペイン</td><td>フレキシキュリティの議論を歓迎</td><td>よりいっそうの柔軟性を。生産性に応じた賃金と労働コストの削減</td></tr>
<tr><td>フランス</td><td>労働者によりいっそうの保護を歓迎</td><td>労働法の深い改革を歓迎</td></tr>
<tr><td>イタリア</td><td>正規労働者に対する雇用保障を維持</td><td>労働コスト削減のための大きな柔軟性を</td></tr>
<tr><td>ルクセンブルク</td><td colspan="2">社会対話が強力。フレキシキュリティの一定の要素を含め討議</td></tr>
<tr><td>オランダ</td><td colspan="2">社会対話が高度に発達。解雇規制の緩和など重要な問題で労使の意見が対立。労働組合は、政府は経済的柔軟性と民営化を進めすぎていると判断</td></tr>
<tr><td>ポルトガル</td><td>解雇の全面自由化を恐れ、デンマーク・モデルに非常に懐疑的</td><td>仕事を創出するために、解雇と採用のいっそうの柔軟化を</td></tr>
<tr><td>フィンランド</td><td>雇用・職業保障を強化し、有期雇用の制限を</td><td>賃金のいっそうの柔軟化を要求し、解雇規制の自由化を追求</td></tr>
<tr><td>スウェーデン</td><td colspan="2">労働市場の柔軟化と労働者保護とのバランスをとることを目的に交渉</td></tr>
<tr><td>イギリス</td><td>柔軟な雇用契約の労働者に均等待遇を。人材育成にもっと投資を</td><td>労働の硬直性と高労働コストなどに反対</td></tr>
<tr><td>ノルウェー</td><td>自由化とりわけ派遣労働の自由化に反対</td><td>――</td></tr>
</table>

（出所）EC, "European Employment Observatory Review：Autumn 2006"

ヨーロッパ労連の立場への支持を表明しています。デンマークでは、労使が「フレキシキュリティ」と呼称しながら伝統的な制度・政策を推進しています。

ヨーロッパの雇用改革の動向は、日本だけでなく国際的にも大きな影響をあたえます。これまでみてきたように、「フレキシキュリティ」をめぐる労使の立場が大きくことなるなかで、「ヨーロッパ的価値」を堅持しながら、さらに人間らしい労働を実現するカギをにぎっているのは、労働組合の力です。ヨーロッパ労連（ETUC）が発行する『ヨーロッパの社会権』と題するパンフレットには、「ヨーロッパの社会的遺産（労働法、社会保障、均等待遇、非差別）は、労働者階級のたたかいのおかげで、存在している」と書かれています。こうした立場でヨーロッパの労働組合がどうたたかいを前進させるのか、ひきつづき注目していきたいと思います。

《参考文献》
田端博邦『グローバリゼーションと労働世界の変容』（旬報社、2007年）
恒川謙司『ソーシャル・ヨーロッパの建設』（日本労働研究機構、1992年）

4 わが国でも労働者のたたかいがルールをつくってきた

日本共産党社会科学研究所の不破哲三所長は、日本国憲法の先駆性について、「人権条項をとっても、日本の憲法は、世界各国の憲法にくらべて進んだ地位にあり、世界史の流れのなかで誇りうる内容をもっています。むしろ、社会生活の現実が憲法の規定に追いついていないというところに問題があるわけで、私たちは、この面でも、憲法を誇りをもって堅持し、社会生活の指針にしてゆく態度が大事だと考えます」とのべています（不破哲三『憲法対決の全体像』新日本出版社、2007年）。

ここに指摘されているように、国際的にも先進的な内容をもつ憲法を現実化する運動、職場に憲法を生かす運動がいよいよ重要になっています。労働組合運動の歴史をふり返ると、世界でも日本でも、労働者のたたかいによって労働のルールが形成されてきた事実がうかびあがってきます。この問題を、整理解雇４要件を例にとって具体的にみていきます。なお、詳細は、日本共産党委員長志位和夫氏の『綱領教室第２巻』（新日本出版社、２０１３年）を参照してください。

（１）解雇権乱用法理と整理解雇４要件

①出発点は三池闘争

民法は、「当事者が雇用の期間を定めなかったときは、各当事者は、いつでも解約の申入れをすることができる」（第６２７条）と明記し、解雇の自由をみとめています。これでは、使用者にたいして弱い立場におかれている労働者の雇用をまもることができないのは、明白です。したがって、労働者・労働組合は、憲法27条が保障する労働権を実現するためにねばりづよくたたかい、解雇権の乱用を規制する判例と整理解雇４要件の判例を勝ちとってきました。

このたたかいの出発点になったのが、日本の労働組合運動史上、「合理化」反対闘争としては記録的な大争議となった三池炭鉱闘争（１９５９年〜60年）でした。ストライキをふくむ２００余日におよぶ英雄的な大闘争は、その後の「合理化」反対闘争を大きくはげまし、これらのたたかいのなかで解雇権乱用法理と整理解雇４要件を確立していったのでした。

②整理解雇４要件とは

日本には、ヨーロッパとはちがって、集団的整理解雇を規制する法律が存在しません。しかし、そのもとでも、労働者・労働組合が解雇撤回闘争にとりくみ、重要な判決を勝ちとっていきました。

まず、企業の解雇権を規制する重要な判例として、最高裁は1975年に、「客観的に合理的な理由を欠き社会通念上相当として是認することができない場合には、権利の濫用として無効になる」という判断をしめしました（日本食塩製造事件）。

そして、企業の経営上の都合による整理解雇が解雇権の乱用にあたるかどうかの指標として、長崎地裁大村支部（大村野上事件、1975年）がはじめて、整理解雇には4つの要件が必要であるとの判断をしめしました。その4要件とは、①人員削減に必要性があるか、②解雇を回避する努力をしているか、③解雇対象者の選定が客観的、合理的か、④労働者・労働組合と協議したかどうか、という基準です。4要件のすべてをみたさないかぎり整理解雇は無効になるという判決です。その後、東京高裁が同様の判断をしめしました（東洋酸素事件、1979年）。この東洋酸素事件判決が整理解雇4要件の代表的な判例として定着し、その後の多くの判決に影響をあたえています。

そして、最高裁も、いきなり整理解雇という手段にうったえた事件で、「やむをえない事情などを説明して協力を求める努力」をしないのは「労使の信義則に反し、解雇権の濫用として無効である」という判断をしめしました（あさひ保育園事件、1983年）。さらに、民事再生中だった山田紡績での整理解雇について、最高裁は、整理解雇4要件にてらして解雇無効とする名古屋地裁判決を支持し（名古屋高裁は控訴を棄却）、上告を棄却しています。

こうして最高裁判例をはじめいくつもの判例が蓄積された結果、整理解雇4要件という法理が形成され、これが政府も企業も無視できない法理として定着し、4要件をみたさない解雇は無効とされるようになったのです。

③たたかいの4つの特徴

整理解雇4要件を勝ちとった労働者・労働組合のたたかいには4つの特徴があると考えます。

第1の特徴は、労働組合に結集してたたかったという点です。

1975年から84年まで、整理解雇攻撃にたいして54件の裁判がたたかわれました。このうち44件(80%)は、労働組合が解雇撤回の先頭に立ってうったえたものです。その労働組合は、合化労連、全国金属、全国一般、全自運(今日の建交労)という総評系の組合が中心でした。また、労働組合が存在しなかった職場では、工場閉鎖・全員解雇を通告された翌日、労働組合(全国金属)を結成し、たたかいに立ちあがりました(北斗音響事件)。

第2の特徴は、労働組合が労資協調路線をとり、解雇を容認した場合でも、被解雇者は裁判にうったえ、たたかいに立ちあがったという点です。

整理解雇4要件の代表的裁判例である東洋酸素事件(東京高裁)では、組合執行部が解雇を容認したもとで、川崎支部がこれに同意せず、裁判にうったえてたたかい、原告13名のうち6名が職場復帰をはたしています。また、労働組合が「既婚女子社員で子どもが2人以上いる者を解雇する」という解雇基準で妥結したときにも、当該の労働者が裁判にうったえてたたかい、解雇無効の判決を勝ちとりました(コパル事件、1975年)。

第3の特徴は、たたかいのなかに共産党の存在があったという点です。

こうした裁判闘争あるいはそれを支援するたたかいのなかに、共産党員と党組織の存在がありました。統計的な数字があるわけではありませんが、神林龍編著『解雇規制の法と経済』(日本評論社、2008年)によると、ヒアリングした当時の4つの裁判のうち3件で「労働者が共産党とかかわりをもっていた」と紹介しています。また、当時、全国金属の書記局で活動していたある方は、たたかいのなかやたたかいを支援する人たちの中心に共産党員の存在があった、と当時をふり返っています。

第4の特徴は、整理解雇4要件を労働協約に明記させ、職場から解雇とたたかったという点です。全国金属（総評）は、企業のリストラ「合理化」にたいして、使用者とのあいだで事前協議・同意協定を締結するとりくみを重視してきました。事前協議協定とは、労働者の雇用や労働条件の変更、さらには雇用・労働条件に重大な影響をあたえる経営施策について労働組合（および労働者）と事前に協議をおこなうことをさだめた協定です。同意協定とは、これらについて、さらにつっこんで、労働組合（および労働者）の同意がなければ実行しないという協定です。旧総評系のいくつかの民間労組では、この協定の締結のため組合員が奮闘しました。

全国金属は、この同意協定のなかに、整理解雇4要件を明記するとりくみを重視し、日常的な権利闘争を職場からすすめていきました。この伝統が今日のＪＭＩＴＵ（全労連加盟）に受けつがれています。

④三池闘争後、指名解雇をゆるさなかった

1960年の炭鉱「合理化」と三池闘争は、日本の労働組合運動史上、「合理化」反対闘争としては記録的な大争議となり、今日に生きる教訓を残しています。三池闘争は、1200名の指名解雇を撤回させることはできなかったものの、このたたかい以後、わが国の労働組合運動は、大規模な指名解雇をゆるしてきませんでした。

三池闘争以前は、整理解雇のなかでもっとも乱暴な指名解雇がふきあれていました。1949年には、東京芝浦電気の6681人、東宝映画の1328人、日立電気の555人など、1953年には、日本製鋼赤羽の2300人、日本製鋼室蘭の915人など、当時の整理解雇の大半が指名解雇で

した。

しかし、三池闘争後、指名解雇は姿を消しました。三池闘争以来18年ぶりに大企業が指名解雇を強行したときには（沖電気、１９７８年）、希望退職に応じず指名解雇された95人のうち71人が裁判にうったえてたたかい、87年に地裁で和解が成立し、35人が職場復帰を勝ちとっています。

労働者の長いたたかいによって勝ちとった文字どおりの血の結晶である整理解雇４要件への真正面からの攻撃が、日本航空の航空機乗務員１６５人にたいする整理解雇です。この整理解雇は、労働組合役員をねらい撃ちにしたもので、事実上の指名解雇です。日本航空の整理解雇撤回のたたかいは、整理解雇４要件をまもる大義あるたたかいとなっています。

資料25 「雇用共同アクション」の国会請願署名（2017年）—— P62参照

衆議院議長　殿
参議院議長　殿

2017年　　月　　日

過労死と職場における差別の根絶を求める国会請願署名

請願趣旨

長時間残業・過密労働、夜勤交替制労働、低賃金ゆえの複数就労、不安定な雇用や差別的な処遇、セクハラ・パワハラなどにより、心身の健康を損なう人が後を絶ちません。過労死を含む脳・心臓疾患に関する労災請求件数は年間800件前後、過労自殺を含む精神障害に関する労災請求件数は5年前の年間1200件から1500件へと増えており、対策は急務の課題です。

ところが、安倍政権の「働き方改革」は、「残業代ゼロで働かせ放題」の労働基準法の改悪を打ち出したり、非正規雇用労働者の差別的待遇を放置したまま、非正規化を進める内容となっています。

過労死を根絶し、男女がともに安心して働き、仕事と生活を両立させせることが可能な「8時間働いたら帰る、暮らせる社会」を実現するには、労働時間の規制強化と生活できる賃金の確立、性別・雇用形態別の待遇格差を解消する法改正を行う必要があります。ついては、以下の事項の実現を請願します。

請願項目

1. 労働基準法について、「裁量労働制の対象拡大」や「高度プロフェッショナル制度の創設（労働時間規制の適用除外）」、「月100時間もの残業上限の法定化」等の改悪は行わないこと。

①時間外労働の上限は、週15時間、月45時間、年360時間までとし、それを超える特例は認めないこと。
②始業から24時間を経るまでに11時間以上の連続した休息（勤務間インターバル）の付与を義務付け、生活時間を確保すること。
③夜勤交替制労働は社会に不可欠な業務に限定し、法定労働時間を日勤労働者より短くすること。
④管理監督者、みなし労働適用者を含むすべての労働者の労働時間の把握と記録の保存を使用者に義務付けること。
⑤労働基準行政を支える労働基準監督官、厚生労働技官、厚生労働事務官を増員すること。

2. 性別・雇用形態別の待遇格差をなくすため、パート法、労働契約法等を改正すること。

①合理的な理由のない待遇格差を禁止すること。格差がある場合、使用者はその合理性を立証する責任を負うものとすること。
②格差の合理性の判断基準から、将来の役割や異動の可能性などの差別を固定化する要素は除くこと。
③格差の解消を理由とした賃金・労働条件の不利益変更は禁止すること。
④労働契約は無期直接雇用を原則とし、有期労働や労働者派遣は臨時的・一時的な業務に限ること。

氏　　名	住　　所

※国会に請願をするための署名ですので、住所は番地まで記入してください。国会請願以外の目的に個人情報が利用されることは一切ありません。

取扱い団体　**全労連・労働法制中央連絡会・雇用共同アクション**

【著者略歴】

筒井　晴彦（つつい　はるひこ）

1954年、神戸生まれ。
働きながら大阪外国語大学二部（当時）英語科卒業。

労働者教育協会理事。

【著作】

『働くルールの国際比較』2010年、学習の友社

市田忠義監修『これが人間らしい働き方のルール』（分担執筆）
2008年、新日本出版社
丸山恵也『現代日本の多国籍企業』（分担執筆）2012年、新日本出版社

8時間働けばふつうに暮らせる社会を ――働くルールの国際比較2

発行　2017年11月30日　初　版　　定価はカバーに表示

著　者　　筒井　晴彦

発行所　　学習の友社
〒113-0034　東京都文京区湯島2-4-4
TEL 03(5842)5641　FAX 03(5842)5645
郵便振替　00100-6-179157
印刷所　（株）教文堂

落丁・乱丁がありましたらお取り替えいたします。

ISBN 978-4-7617-1029-3 C 0036